四特 教育系列丛书 SITEJIAOYUXILIECONGSHU

语言描写阅读指导

《"四特"教育系列丛书》编委会　编著

吉林出版集团股份有限公司
全国百佳图书出版单位

图书在版编目 (CIP) 数据

语言描写阅读指导／《"四特"教育系列丛书》编委会编著．—长春：吉林出版集团股份有限公司，2012.4

（"四特"教育系列丛书／庄文中等主编．学生阅读与作文方法指导）

ISBN 978-7-5463-8713-0

I.①语… Ⅱ.①四… Ⅲ.①阅读课–中小学–教学参考资料 Ⅳ.① G634.333

中国版本图书馆 CIP 数据核字（2012）第 044201 号

语言描写阅读指导

YUYAN MIAOXIE YUEDU ZHIDAO

出 版 人	吴　强
责任编辑	朱子玉　杨　帆
开　　本	690mm×960mm 1/16
字　　数	250 千字
印　　张	13
版　　次	2012 年 4 月第 1 版
印　　次	2023 年 2 月第 3 次印刷
出　　版	吉林出版集团股份有限公司
发　　行	吉林音像出版社有限责任公司
地　　址	长春市南关区福祉大路 5788 号
电　　话	0431-81629667
印　　刷	三河市燕春印务有限公司

ISBN 978-7-5463-8713-0　　　　定价：39.80 元

前　言

　　学校教育是人一生中所受教育最重要组成部分，个人在学校里接受计划性的指导，系统地学习文化知识、社会规范、道德准则和价值观念。学校教育从某种意义上讲，决定着个人社会化的水平和性质，是个体社会化的重要基地。知识经济时代要求社会尊师重教，学校教育越来越受重视，在社会中起到举足轻重的作用。

　　"四特教育系列丛书"以"特定对象、特别对待、特殊方法、特例分析"为宗旨，立足学校教育与管理，理论结合实践，集多位教育界专家、学者以及一线校长、老师们的教育成果与经验于一体，围绕困扰学校、领导、教师、学生的教育难题，集思广益，多方借鉴，力求全面彻底解决。

　　本辑为"四特教育系列丛书"之《学生阅读与作文方法指导》。

　　阅读能力被著名教育家苏霍姆林斯基称之为学习技能的五把刀子之一，它不仅是语文学习能力的主要构成因素，也是训练学生的表达能力的重要途径，还是一切智力活动的基础。因此，有效阅读一直就是语文教学的核心，要提高语文能力，提升语文素养，必须加强有效阅读。

　　作文是人们交流思想和社会交际的重要工具。生活在现实社会里，无论你从事什么行业，都离不开写作，写作是人类生活的基本工具，是每一个社会成员搞好各项工作必须应具备的一种起码素质。本书从肖像、语言、行动、心理、场面、景物、静态、状物、抒情和话题等方面，为广大青少年提供了实际指导和范文阅读，使大家不仅可以学到作文的知识，还能感受到好词好句好段中所蕴含的优美意境，能够受到精神的陶冶。

　　本辑共20分册，具体内容如下：

　　1.《肖像描写阅读指导》

　　肖像描写即描绘人物的面貌特征，它包括人物的身材、容貌、服饰、打扮以及表情、仪态、风度、习惯性特点等。肖像描写的目的是以"形"传"神"，刻画人物的性格特征，反映人物的内心世界。描是描绘，写是摹写。描写就是用生动形象的语言，把人物或景物的状态具体地描绘出来。这是一般记叙文和文学写作常用的表达方法。本书针对学生如何高效阅读肖像描写类文章进行了系统而深入的分析和探讨，并给予了切实的指导，对中小学生颇有启发意义。

　　2.《语言描写阅读指导》

　　语言描写是塑造人物形象的重要手段。成功的语言描写总是鲜明地展示人物的性格，生动地表现人物的思想感情，深刻地反映人物的内心世界，使读者"如闻其声，如见其人"，获得深刻的印象。本书针对学生如何高效阅读语言描写类文章进行了系统而深入的分析和探讨，并给予了切实的指导，对中小学生颇有启发意义。

　　3.《行动描写阅读指导》

　　行动描写是刻画人物的手法之一，是塑造人物的主要手段。行动是人物思想性格的直接表现,因此,人物的行动描写就要善于抓住人物具有特征性的动作,从而展示人物的精神面貌,反映人物的性格特征,塑造出个性鲜明的人物形象。本书针对学生如何高效阅读行动描写类文章进行了系统而深入的分析和探讨,并给予了切实的指导,对中小学生颇有启发意义。

4.《心理描写阅读指导》

心理描写是指在文章中,对人物在一定的环境中的心理状态、精神面貌和内心活动进行的描写。是作文中表现人物性格品质的一种方法。最常用的是描写人物的内心独白,写出人物的所思所想,让人物一无遮掩地吐露自己的心声,说出他的欢乐和悲伤、矛盾和愁郁、忧虑和希望,使读者穿透人物外表,看到人物的内心世界。本书针对学生如何高效阅读心理描写类文章进行了系统而深入的分析和探讨,并给予了切实的指导,对中小学生颇有启发意义。

5.《场面描写阅读指导》

场面描写,就是对一个特定的时间与地点内许多人物活动的总体情况的描写。它往往是叙述、描写、抒情等表述方法的综合运用,是自然景色、社会环境、人物活动等描写对象的集中表现。场面描写要表现出一种特定的气氛要综合运用记叙、描写、抒情、议论等表达手段,以及映衬、象征等多种手法,这样才能使场面变成一幅生动而充满感染力的图画。本书针对学生如何高效阅读场面描写类文章进行了系统而深入的分析和探讨,并给予了切实的指导,对中小学生颇有启发意义。

6.《景物描写阅读指导》

景物描写,是指对自然环境和社会环境中的风景、物体的描写。景物描写主要是为了显示人物活动的环境,使读者身临其境。本书针对学生如何高效阅读景物描写类文章进行了系统而深入的分析和探讨,并给予了切实的指导,对中小学生颇有启发意义。本书不仅提供了学生有效阅读同范文,还提供了相应的阅读把握方法等,具有很强的系统性、实用性、实践性和指导性。

7.《风俗描写阅读指导》

风俗习惯指个人或集体的传统风尚、礼节、习性。是特定社会文化区域内历代人们共同遵守的行为模式或规范。风俗由于一种历史形成的,它对社会成员有一种非常强烈的行为制约作用。风俗描写主要包括民族风俗、节日习俗、传统礼仪等等。本书针对学生如何高效阅读风俗描写类文章进行了系统而深入的分析和探讨,并给予了切实的指导,对中小学生颇有启发意义。

8.《记叙文阅读指导》

阅读记叙文必须注意把握文章的基本要素,理清记叙的顺序以及线索,准确理解记叙中的描写议论和抒情。只有这样,才能从整体上全面把握记叙文的内容,理解作者的写作意图和文章所反映的中心思想。本书针对学生如何高效阅读记叙文进行了系统而深入的分析和探讨,并给予了切实的指导,对中小学生颇有启发意义。

9.《抒情散文阅读指导》

抒情散文主要是抒发作者对现实生活的感受、激情和意愿。抒情散文抒发的是怎样的感情,如何抒发,都与文章揭示的思想意义是否深广有极大的关系。本书针对学生如何高效阅读抒情散文进行了系统而深入的分析和探讨,并给予了切实的指导,对中小学生颇有启发意义。本书不仅提供了学生有效阅读同范文,还提供了相应的阅读把握方法等,具有很强的系统性、实用性、实践性和指导性。

10.《话题性范文阅读指导》

话题性文章一般与学生的生活实际联系的最紧密,学生应该有话可写。但由于话题比较宽泛,要出采也不容易。写作的关键在于把话题转化,或化大为小,或化抽象为具体。本书针对学生如何高效阅读话题性文章进行了系统而深入的分析和探讨,并给予了切实的指导,对中小学生颇有启发意义。

11.《肖像写作指导》

肖像描写即描绘人物的面貌特征,它包括人物的身材、容貌、服饰、打扮以及表情、仪态、风度、习惯性特点等。肖像描写的目的是以“形”传“神”,刻画人物的性格特征,反映人物的内心世界。描是描绘,写是摹写。描写就是用生动形象的语言,把人物或景物的状态具体地描绘出来。本书针对学生如何提高肖像描写类作文写作水平进行了系统而深入的分析和探讨,并给予了切实的指导,对中小学生颇有启发意义。

12.《语言写作指导》

语言描写是塑造人物形象的重要手段。成功的语言描写总是鲜明地展示人物的性格,生动地表现人物的思想感情,深刻地反映人物的内心世界,使读者“如闻其声,如见其人”,获得深刻的印象。本书针对学生如何提高语言描写类作文写作水平进行了系统而深入的分析和探讨,并给予了切实的指导,对中小学生颇有启发意义。

13.《行动写作指导》

行动描写是刻画人物的手法之一,是塑造人物的主要手段。行动是人物思想性格的直接表现,因此,人物的行动描写就要善于抓住人物具有特征性的动作,从而展示人物的精神面貌,反映人物的性格特征,塑造出个性鲜明的人物形象。本书针对学生如何提高行动描写类作文写作水平进行了系统而深入的分析和探讨,并给予了切实的指导,对中小学生颇有启发意义。

14.《心理写作指导》

心理描写是指在文章中,对人物在一定的环境中的心理状态、精神面貌和内心活动进行的描写。是作文中表现人物性格品质的一种方法。最常用的是描写人物的内心独白,写出人物的所思所想,让人物一无遮掩地吐露自己的心声,说出他的欢乐和悲伤、矛盾和愁郁、忧虑和希望,使读者穿透人物外表,看到人物的内心世界。本书针对学生如何提高心理描写类作文写作水平进行了系统而深入的分析和探讨,并给予了切实的指导,对中小学生颇有启发意义。

15.《场面写作指导》

场面描写,就是对一个特定的时间与地点内许多人物活动的总体情况的描写。它往往是叙述、描写、抒情等表述方法的综合运用,是自然景色、社会环境、人物活动等描写对象的集中表现。场面描写要表现出一种特定的气氛要综合运用记叙、描写、抒情、议论等表达手段,以及映衬、象征等多种手法,这样才能使场面变成一幅生动而充满感染力的图画。本书针对学生如何提高场面描写类作文写作水平进行了系统而深入的分析和探讨,并给予了切实的指导,对中小学生颇有启发意义。

16.《景物写作指导》

景物描写,是指对自然环境和社会环境中的风景、物体的描写。景物描写主要是为了显示人物活动的环境,使读者身临其境。本书针对学生如何提高景物描写类作文写作水平进行了系统而深入的分析和探讨,并给予了切实的指导,对中小学生颇有启发意义。本书除了提供各种作文的方法外,还提供了大量的好词、好段、好句供广大学生作文时参考借鉴,因此具有很强的系统性、实用性、实践性和指导性。

17.《静态写作指导》

在写物的静态时,我们要尽量去发掘这一静物的动态。如果我们要状写这些不可能有动态的物,那么,我们要去发现他们的质感和有活力的部分。如果我们抓住这些来写,那么,那些静静躺在盘子里,平平睡在盒子里的东西也会生出许多引人的魅力来。总之,我们写物的静态时,要尽量找些鲜活的因素来描上几笔,而且,这几笔往往是最最传神的。本书针对学生如何提高静态描写类作文写作水平进行了系统而深入的分析和探讨,并给予了切实的指导,对中小学生颇有启发意义。

18.《状物写作指导》

状物类作文,以"物"为描述的中心和文章的线索,或寓情于物,或托物言志,融知识性与趣味性于一体,表达文章的题旨。这是学生喜闻乐见的一种写作形式。因此,加强状物类作文的指导,既是学生的一种心理需求,也是新的课程标准的目标之一。本书针对学生如何提高状物类作文写作水平进行了系统而深入的分析和探讨,并给予了切实的指导,对中小学生颇有启发意义。

19.《抒情写作指导》

写抒情散文,重在"情"字。一篇文章要打动读者的感情,作者首先要自己动感情,把感情融注到字里行间。作家魏巍说过:"写好一篇东西,能打动人心,就要把心捧给读者。"把心捧给读者,就是要吐真情,有真意,让情真意切的行文去感动读者。本书针对学生如何提高抒情散文写作水平进行了系统而深入的分析和探讨,并给予了切实的指导,对中小学生颇有启发意义。

20.《话题写作指导》

要想写好话题作文,除了审题命题外,要注意选择自己最熟悉的事情,用自己真实的感情,另外还要选择自己应用得最拿手的文体,需要注意的是,话题作文也要注意体裁的确定,虽然作文的要求是让你自由选择文体,但是你一旦选择了某种文体,就一定要体现这种文体的特点,切不可写成四不象的作文来。总之,话题作文的写作给了你发挥自己写作优势的天地,只要选择自己最擅长的去写,你就会取得不错的成绩。本书针对学生如何提高话题作文写作水平进行了系统而深入的分析和探讨,并给予了切实的指导,对中小学生颇有启发意义。

由于时间、经验的关系,本书在编写等方面,必定存在不足和错误之处,衷心希望各界读者、一线教师及教育界人士批评指正。

编者

目　录

第一章

语言描写写作指导

1. 什么叫语言描写

语言描写是塑造人物形象的重要手段。成功的语言描写总是鲜明地展示人物的性格，生动地表现人物的思想感情，深刻地反映人物的内心世界，使读者"如闻其声，如见其人"，获得深刻的印象。语言描写包括人物的独白和对话。独白是反映人物心理活动的重要手段。对话可以是两个人的对话，也可以是几个人的相互交谈。描写人物的语言，不但要求作到个性化，而且还要体现出人物说话的艺术性。

"言为心声"，不同思想，不同经历，不同地位，不同性格的人，其语言也是不同的。鲁迅曾说过："如果删掉了不必要之点，只摘出各人的有特色的谈话来，我想，就可以使别人从谈话里推见每个说话的人物。"能够让读者从"各人有特色的谈话"中来"推见每个说话人"，这便是成功的语言描写。

2. 语言描写的特点

文学是语言的艺术，文学作品是以语言为工具来反映生活的，语言是作者塑造形象的最基本的物质材料。因此，高尔基说："文学的第一要素是语言"。

文学作品中的语言，包括两个方面：人物的语言和叙述人的语言。我们这里所说的语言描写，是指文学作品中人物语言的描写。人物语言包括独白、对话。独白是没有对方时人物的自言自语，或者是篇幅较长而不被对方打断的讲话。对话是两个人的对答，或者是几个人的互相交谈。

人物语言是文学作品的一个组成部分，是塑造形象的一个重要手段。古人说"言为心声"，语言是表达人物思想感情的工具，是展示人物性格特征的镜子，是袒露人物内心世界的窗户。

（1）语言描写反映人物的心理活动

想的直接体现，读者应该从人物独白中清楚地看到人物内心深处的真情实感，行为的动机，追求的目的，行将采取的措施等等。而人物之间的对话，则应该随着情节的开展逐步表现不同性格的人物不同的感情，显示人物之间的内心交流。它虽然不如独白那样直接、袒露，却同样应该使人感受到人物的情感变化，触摸到人物的心灵深处。

（2）语言描写要性格化

要在描摹语态，叙写对话过程中表现出"这一个"的个性特征来。诸如阿Q的精神胜利，孔乙己的迂腐，周朴园的虚伪冷酷，吴荪甫的狡诈犟强，觉新的委曲求全，虎妞的泼辣粗野，三仙姑的装神弄鬼，李双双的热情爽直等等。做到从"有特色的谈话中"来"推见每个说话人"的具体性格。

所谓语言有个性，就是什么人说什么话。语言大师老舍说过：一个老实人，在划火柴点烟而没点燃的时候，就会说："唉，真没用，连根烟都点不着！"相反，一个性情暴躁的人呢，就不是这样说，而是把火柴往地上猛地一摔，高叫道："他妈的！"

除了写"说什么"，还要写"怎么说"。有些学生写人物对话的时候，只注意写人物说的话，而不注意描写人物说话时的神态、动作，老是"我说"、"你说"、"他说"，写出来的文章干巴、乏味。

（3）形式规范，用法灵活

语言描写的两个基本组成部分是引语和提示语。引语指引用的人物原话，反映到书面即引号之内的内容；提示语则在引号之外交代说话者及其情态。按提示语和引语位置的不同组合，语言描写一共有五种基本形式：①提前引后式②提后引前式③提中引两边④提两边引中

⑤没有提示语。

我们在作文时，不要只用一种描述形式，可以几种描述形式交替使用，这样在表达形式上才不会显得单调。

作文是用来反映生活、为生活服务的，只有立足于生活的写作，文章才可能生动活泼。语言描写也是如此。要让人物的语言具有生活化的鲜明特点，还需注意两点"多用俚语，兼顾身份"。描写人物语言，特别是对话时多用短句，多用变化性强的句式，不必拘泥于语言结构的完整，反而更能发挥生活化语言的优势。而且，有道是"三句半不离本行"，人物语言都带着明显的身份、职业及性格特点。

（4）人物语言并不是单纯的、机械的表达

有些学生写人物对话的时候，只注意写人物说的话，而不注意描写人物说话时的神态、动作，老是"我说"、"你说"、"他说"，写出来的文章干巴、乏味。写活人物对话，还要注意说话人的"声"以及"像"，从多个角度综合描绘，注意"声像并重，多维刻画"。

①首先，我们先来看一下"像"，我们在说话的时候除了会有话语，还会有相应的面部表情和动作，在这里，我们称之为神态表情和体态语言。融入人物的神态表情。每个人说话时的表情各不相同，同一人物不同时候说话的表情有所不同。所以写人物语言时还要写出人物说话的表情神态。

②接着，我们来看一下"声"，我们在说话的时候，音调会有起伏变化，也会有轻重区分，写人物语言时，注意音色、音量的变化，同时写出说话者说话时的语音语调，如声音的大小、高低、急缓等，语言的形象感会更强。

3. 语言描写的要领

"语言是思想的直接现实",通过人物的语言,可以表达人物的性格特征。所谓"如闻其声,如见其人",可以说明语言描写的功能和作用。那么,怎样才能使人物的语言成为人物形象塑造的一个有机组成部分呢?

(1) 语言要能显示人物的身份,职业,地位,经历

俗话说:"三句话不离本行。"行话运用适当,人物的身份便自然而然得到了介绍。

(2) 语言描写要能够表现人物的思想感情,反映人物的心理活动

语言是思想的直接体现,读者应该从人物独白中清楚地看到人物内心深处的真情实感,行为的动机,追求的目的,行将采取的措施等等。而人物之间的对话,则应该随着情节的开展逐步表现不同性格的人物不同的感情,显示人物之间的内心交流。它虽然不如独白那样直接、袒露,却同样应该使人感受到人物的情感变化,触摸到人物的心灵深处。

(3) 语言描写要性格化,符合人物的身份

大千社会,人物种种色色,每一个人的性格都各不相同,所以在描写人物性格时,一定要有自己的特征,要符合人物的身份,千万不能把街头乞丐的语气写得趾高气扬;又或是把老人的语言写得太过"儿童化"。这些都是写作的大忌。

(4) 语言描写要成为作品的有机组成部分

语言描写还应用来预示和推动故事情节的发展,交代事情的来龙去脉,或通过语言描写介绍环境或时代背景,或借人物之口作议论以深化主题,使语言描写成为作品的有机组成部分。

(5) 语言描写要生动、简洁，力忌八股调、学生腔

生动、简洁是写作的生命，任何拖沓、啰嗦的文章都会引起读者的反感，并最终被人们抛弃。另外，八股腔、学生腔也因其行文的呆板、生硬，不受人们欢迎。为此，我们在作文或写作时，一定要正确运用写作的技巧，努力提高创作水平，这样，才会写出有水平、高质量的作品。

4. 语言描写的技法

(1) 间接描写人物和景物

汉乐府《陌上桑》中有这样一段描写：

"使君谢罗敷：宁可共载不?"罗敷前置辞："使君一何愚! 使君自有妇，罗敷自有夫。东方千余骑，夫婿居上头。何用识夫婿? 白马从骊驹，青丝系马尾，黄金络马头，腰中鹿卢剑，可值千万余。十五府小吏，二十朝大夫，三十侍中郎，四十专城居。为人洁白皙，鬑鬑颇有须。盈盈公府步，冉冉府中趋。座中数千人，皆言夫婿殊。

为了对付太守的调戏，采桑女罗敷尽情夸耀自己的丈夫，从丈夫的华丽坐骑，到腰中佩剑，以及他的显赫地位、翩翩风度，都表明她丈夫是一个不同寻常的人。这里通过罗敷的话，间接地把她丈夫的身份、地位、风度介绍了出来。当然，这些也可能是罗敷为了摆脱太守的纠缠而故意编造出来的。

杨朔在《海市》中有这样一段描写：

老宋又是微微一笑，笑得十分自信。他说："明天你最好亲自到渔船上去看看，现在渔船都组织起来了，有指导船，随时随地广播渔情风情。大船都有收音机，一般的船也有无线报话机，不等风来，消息先来了，船能及时避到渔港里去，大海还能逞什么威风？不过有时意料不到，也会出事。有一回好险，几乎出大事。那回气象预报没有风，渔民早起看看太阳，通红通红的，云彩丝儿不见，也不像有风的样子，就有几只渔船出了海。不想过午忽然刮起一种'阵风'，浪头卷起来比小山还高，急得渔民把桅杆横绑在船上，压着风浪。这又有什么用？浪头一个接着一个打到船上来，船帮子都打坏了，眼看着要翻。正在危急的当儿，前边突然出现一只军舰。你知道，那里离朝鲜南部不远，不巧会碰上其他的船。渔民发了慌，想跑又跑不掉。那条军舰一步一步逼上来，逼到跟前，有些人脱了衣裳跳下海，冲着渔船游过来。渔民一看，乐得直喊：'是来救我们的呀！'不一会儿，渔民都上了军舰，渔船也由军舰拖回去。渔民都说：'要不是毛主席派大兵舰来，这回完了！'"

这是舵手老宋向"我"介绍渔民新生活的一段谈话，字里行间充满了对新中国的赞颂之情。其中绘声绘色地描述了一次出海遇险的情景，写天色，写风浪，如一幅幅画面呈现在读者面前；最后写海军战士奋不顾身地抢救渔船，以及渔民得救时的欢乐心情，都生动逼真，历历在目。

（2）描写同一人物前后不同的语言

施耐庵、罗贯中在《水浒全传》中有这样一段描写：

那差拨不见他把钱出来，变了面皮，指着林冲骂道：

"你这个贼配军，见我如何不下拜？却来唱诺！你这厮可知在东京做出事来，见我还是大剌剌的。我看这贼配军，满脸都是饿纹，一世也不发迹！打不死，拷不杀的顽囚！你这把贼骨头，好歹落在我手里，教你粉骨碎身。少间叫你便见功效。"把林冲骂得一佛出世，哪里敢抬头答应。众人见骂，各自散了。

林冲等他发作过了，去取五两银子，陪着笑脸告道："差拨哥哥，些小薄礼，休言轻微。"差拨看了道："你教我送与管营和俺的，都在里面？"林冲道："只是送与差拨哥哥的；另有十两银子，就烦差拨哥哥送与管营。"差拨见了，看着林冲笑道："林教头，我也闻你的好名字，端的是个好男子：想是高太尉陷害你了。虽然目下暂时受苦，久后必然发迹。据你的大名，这表人物，必不是等闲之人，久后必做大官。"

差拨初出林冲，因对方没有给他钱，就破口大骂，视若仇敌，可当林冲拿出五两银子送给他后，他摇身一变，由詈骂变成恭维和"同情"，仿佛知己。前后表演，判若两人。难怪林冲感叹道："有钱可以通神"，此言不差。

（3）相关人物语言的对比描写

汉乐府《东门行》中有这样一段描写：

出东门，不顾归；来入门，怅欲悲。盎中无斗米储，还视架上无悬衣。拔剑东门去，舍中儿母牵衣啼："他家但愿富贵，贱妾与君共铺糜。上用仓浪天故，下当用此黄口儿。今非！"

"咄！行！吾去为迟！白发时下难久居。"

一个城市贫民被生活逼得走投无路，不得不铤而走险，妻子却不肯让他去冒险犯法，极力劝阻。这对贫苦夫妻的对话鲜明地表现了他俩矛盾的性格特征，丈夫刚强坚定，勇于反抗，妻子则顾虑重重，逆来顺受。

罗贯中的《三国演义》中有这样一段描写：

瑜大惊曰："此人决不可留！吾决意斩之！"肃劝曰："若杀孔明，却被曹操笑也。"瑜曰："吾自有公道斩之，教他死而无怨。"肃曰："何以公道斩之？"瑜曰："子敬休问，来日便见。"

次日，聚众将于帐下，教请孔明议事。孔明欣然而至。坐定，瑜问孔明曰："即日将与曹军交战，水路交兵，当以何兵器为先？"

孔明曰："大江之上，以弓箭为先。"瑜曰："先生之言，甚合愚意。但今军中正缺箭用，敢烦先生监造十万枝箭，以为应敌之具。此系公事，先生幸勿推却。"孔明曰："都督见委，自当效劳。敢问十万枝箭，何时要用？"瑜曰："十日之内，可完办否？"孔明曰："操军即日将至，若候十日，必误大事。"瑜曰："先生料几日可完办？"孔明曰："只消三日，便可拜纳十万枝箭。"瑜曰："军中无戏言。"孔明曰："怎敢戏都督！愿纳军令状：三日不办，甘当重罚。"瑜大喜，唤军政司当面取了文书，置酒相待曰："待军事毕后，自有酬劳。"

孔明曰："今日已不及，来日造起。至第三日，可差五百小军到江边搬箭。"饮了数杯，辞去。鲁肃曰："此人莫非诈乎？"瑜曰："他自送死，非我逼他。今明白对众要了文书，他便两胁生翅，也飞不去。我只吩咐军匠人等，教他故意迟延，凡应用物件，都不与齐备。如此，必然误了日期。那时定罪，有何理说？公今可去探他虚实，却来回报。"

周瑜因一切计策都瞒不过诸葛亮的眼睛，故而感到十分恐惧。所以，决意伺机除掉他。请孔明造箭这正是好机会；而诸葛亮腹有良谋，成竹在胸，运筹帷幄，虚与周旋，使东吴的一切都在自己的手掌之中。既巧为免祸，又出色地完成了出使任务。一个妒贤嫉能，心胸狭窄，处处设计害人；一个勇敢机智，从容大度，事事以大局为重。两相对照，何其分明。

（4）简笔勾勒

在《战国策·触龙说赵太后》一文中，有这样一段描写：

　　左师触龙言愿见太后。太后盛气而揖之。入而徐趋，至而自谢，曰："老臣病足，曾不能疾走，不得见久矣。窃自恕，而恐太后玉体之有所隙也，故愿望见太后。"太后曰："老妇恃辇而行。"曰："日食饮得无衰乎？"曰："恃粥耳。"曰："老臣今者殊不欲食，乃自强步，日三四里，少益嗜食，和于身也。"太后曰："老妇不能。"太后之色少解。

这一段对话纯用白描手法，表面看非常平淡，没有多少出奇之处，实则潜台词很丰富。太后对大臣强谏"以长安君为质"很恼火，所以，左师求见，"盛气而揖之"，回答的话也不耐烦，特别简短，带有很大火气。而左师触龙的问话出乎她的意外，全是些吃饭走路等生活小事，仿佛与"为质"的事无关，使得谈话得以继续下去。其实，这正是左师善于辞令之处，他抓住太后心理，从闲谈入手，打破僵局，由近及远，以说服太后。细想前后问答，如同一个善弈者，初看其闲闲置子，似觉无用；等到成局之后，才知自头至尾，无一虚着。

司马迁在《史记·陈涉世家》中有这样一段描写：

> 陈涉少时，尝与人佣耕，辍耕之垄上，怅恨久之，曰："苟富贵，无相忘！"佣者笑而应曰："若为佣耕，何富贵也？"陈涉太息曰："嗟乎！燕雀安知鸿鹄之志哉！"

陈涉是中国历史上第一次农民起义的领袖，他从小怀有远大的抱负。这里，通过他与佣者的对话，寥寥必笔，就把他的"鸿鹄之志"表达出来了。

(5) 运用修辞添手法

修辞是一项富于实效性的语言表述方式，用得好，可以达到化抽象为具体、化贫瘠为丰满、化粗略为细腻的效果。运用比喻，语言更加形象生动；运用拟人，文字亲切活泼；运用排比，语句韵律和谐；运用夸张，内容不失幽默……这样，文章平添了几分与众不同的笔触。

如一位同学在《关心》一文中，是这样描写地球的：

在远古时代，地球就像一位年轻漂亮的女子。绿荫如盖的大地，是她美丽的肌肤；浩瀚无垠的大海，是她美丽的衣裳；交错分布在她周身的江河湖泊，是她日夜奔腾不息的血管。

作者采用比喻、拟人的手法，既写出了森林、大海和江河湖泊的美丽可爱，又体现了自己对地球的热爱、对环境的关心。作文时，我们应当尽量发挥自身思维活跃、富有想像力的特点，学会把修辞手法恰到好处地引入文中。

(6) 善用名言增文彩

名言警句，经过了历代时空的检验，具有鲜明的表达效果。我们在写作时恰当运用，能收到"事半功倍"、"画龙点睛"之效。

如写勤奋之类的文章时，可以引用"业精于勤荒于嬉，行成于思毁于随"、"锲而不舍，金石可镂"；谈理想时，可以引用"先天下之忧而忧，后天下之乐而乐"等名句；要颂扬人物的品质，你就可以用"出淤泥而不染，濯清涟而不妖"来形容。在《春》一文中便有这样的话："吹面不寒杨柳风"，不错，像母亲的手抚摸着你。

在这里，朱自清先生古为今用，生动地绘出了春风拂面时的柔和、飘逸和清新之感。

(7) 巧用幽默出生气

看电影，大家喜欢诙谐有趣的；同学之中，会调侃的最有"人气"。写作文也是这个道理。许多佳作，往往写得意到笔随，甚至在稍稍闪出的那么一点点不正经里，文章顿然有了生气。

一位同学在《老师，你好》一文中是这样描写老师的：

> 我班的化学老师身材干瘦，就如一个试管，实在标志极了。他虽然年逾古稀，但头发却很黑，眼睛终年含有丰富的 H_2O，看上去像孩子般天真。大伙送她一个雅号："老顽童"。

这段文字，以漫画的笔调勾画出了化学老师的形象，风趣中跳荡着一丝叛逆，幽默中蕴含一缕真情，巧妙地捕捉住了浓郁的生活气息，表现出了作者对老师难以抑制的喜爱之情。其鲜明的语言个性可见一斑。宋代诗人黄庭坚说："嬉笑怒骂，皆成文章。"的确，文章用幽默式的语言写生活、诉真情，引人入胜。

由此可见，作文中的语言描写还真不是写谁说了句什么话那般简单，需要多多的琢磨和思考。只要在生活中注意观察、多听多看，勤动笔，就必定能够写出鲜明生动、富有表现力的人物语言来。

(6) 用叙述的方法描写人物语言

鲁迅在《祝福》中有这样一段描写：

　　他比先前并没有什么大改变，单是老了些，但也还未留胡子，一见面是寒暄，寒暄之后说我"胖了"之后即大骂其新党。但我知道，这并非借题在骂我。因为他所骂的还是康有为。但是，谈话是总不投机的了，于是不多久，我便一个人剩在书房里。

小说开头写"我"回故乡后的所见所闻，三言两语即勾画了鲁四老爷这个道学家的嘴脸。作者并没有直接描写"我"与鲁四老爷见面时的谈话，只是通过"我"的简洁转述，把鲁四老爷见面寒暄、大骂新党的情态活画出来，可见他是封建地主绅士中的顽固派。这种间接描写的方法，笔墨经济，省去了烦琐的对话，用精炼的语言突出了人物的主要特征。

巴尔扎克的《欧也妮·葛朗台》中有这样一段描写：

　　这家伙动作非常简单，说话不多，发表意见总是用柔和的声音，简短的句子，搬弄一些老生常谈……而且逢到要应付，要解决什么生活上或买卖上的难题，他就搬出四句口诀，像代数公式一样准确，叫做：

　　"我不知道，我不能够，我不愿意，慢慢瞧吧。"

　　他从来不说一声是或不是，也从来不把黑笔落在白纸上。人家跟他说话，他冷冷地听着，右手托着下巴颏儿，肘子靠在左手背上；无论什么事，他一朝拿定了主意，他永远不变。一点点儿小生意，他也得盘算半天。经过一番勾心斗角的谈话之后，对方自以为心中的秘密保守得密不透风，其实早已吐出了真话。他却回答道：

　　"我没有跟太太商量过，什么都不能决定。"

葛朗台是一个阴险狡猾的投机商、守财奴。作者在介绍这个人物时，巧妙地引用了他的口头禅，话虽不多，却能显示出这个人的性格特点。"我不知道，我不能够，我不愿意，慢慢瞧吧。"葛朗台表面上装糊涂，骨子里却硬似铁石。"我没有跟太太商量过，什么都不能决定。"看起来颇尊重自己的太太，实际上只不过把他那奴隶般的太太作为生意上最方便的挡箭牌而已。这种间接描写人物语言的方法，具有说明评判的作用，故而常常收到以少胜多的效果。

（7）与其它描写配合运用

司马迁在《史记·鸿门宴》中有这样一段描写：

> 于是张良至军门见樊哙。樊哙曰："今日之事何如？"良曰："甚急！今者项庄拔剑舞，其意常在沛公也。"哙曰："此迫矣！臣请入，与之同命。"哙即带剑拥盾入军门。交戟之卫士欲止不内。樊哙侧其盾以撞，卫士仆地，哙遂入，披帷西向立。瞋目视项王，头发上指，目眦尽裂。项王按剑而跽曰："客何为者？"张良曰："沛公之参乘樊哙者也。"项王曰："壮士——赐之卮酒！"则与斗卮酒。哙拜谢，起，立而饮之。项王曰："赐之彘肩！"则与一生彘肩。樊哙覆其盾于地，加彘肩上，拔剑切而啖之。

作者把人物的对话、行动和肖像描写结合起来，表现出樊哙怒发冲冠，闯入敌营，置生死于不顾的壮士形象。

施耐庵、罗贯中的《水浒全传》中有这样一段描写：

> 那妇人把前门上了栓，后门也关了，却搬些陈酒、果品、蔬菜，入武松房里来，摆在桌子上。武松问道："哥哥那里

去未归?"妇人道:"你哥哥每日自出去做买卖,我和叔叔自饮三杯。"武松道:"一发等哥哥家来吃。"妇人道;"那里等的他来!等他不得!"说犹未了,早暖了一注子酒来。武松道:"嫂嫂坐地,等武二去烫酒正当。妇人道:"叔叔,你自便。"那妇人也拨个杌子,近火边坐了。火头边桌儿上,摆着杯盘。那妇人拿盏酒,擎在手里,看着武松道:"叔叔满饮此杯"。武松接过手来,一饮而尽。那妇人又筛一杯酒来说道:"天色寒冷,叔叔饮个成双杯儿。"武松道:"嫂嫂自便。"接过来又一饮而尽。武松却筛杯酒,递与那妇人吃。妇人接过酒来吃了,却拿注子再斟酒来,放在武松面前。

……那妇人也有三杯酒落肚,只管把闲话来说。武松也知了八九分,自家只把头来低了。

那妇人起身去烫酒,武松自在房里拿火箸簇火。那妇人暖了一注子酒来到房里,一只手拿着注子,一只手便去武松肩胛上只一捏,说道;"叔叔,只穿这些衣裳不冷?"武松已自有五分不快意,也不应他。那妇人见他不应,劈手便来夺火箸,口里道:"叔叔,你不会簇火,我与你拨火,只要一似火盆常热便好。"武松有八分焦躁,只不做声。那妇人不看武松焦躁,便放了火箸,却筛一盏酒来,自呷了一口,剩了大半盏,看着武松道:"你若有心,吃我半盏儿残酒。"

武松劈手夺来,泼在地下,说道:"嫂嫂休要恁地不识羞耻!"把手只一推,争些儿把那妇人推一交。武松睁起眼来道,"武二是个顶天立地、噙齿戴发男子汉,不是那等败坏风俗、没人伦的猪狗,嫂嫂休要这般不识廉耻,为此等的勾当。倘有些风吹草动,武二眼里认的是嫂嫂,拳头却不认的嫂嫂!再来休要恁地!"那妇人通红了脸,便收拾了杯盘盏碟,口里说道:"我自作乐耍子,不值得便当真起来,好不识敬重！"搬了家火，自向厨下去了。

这是《水浒传》中潘金莲引逗武松的一段精彩文字。潘金莲是使女出身，惯会卖弄风情，癫狂作态。她的一言一行都带着极大的挑逗性。从武松进门，她就忙活开了：开始是笑脸相迎，接去毡笠；继而摆满果品，殷勤劝酒；最后，捏肩试探，淫心大露。而武松是个铁心汉子，豪爽英雄。他的话简短诚直，句句实在。对潘金莲的撩拨，开始不知道，因而脱靴烤火，饮酒自如；接着有所发觉，却低头不语，佯作不知，因为她毕竟是嫂子，不便发作。后来，看她蜂狂蝶浪，太不像样，才摔杯泼酒，以手推拒，并臭骂一顿。这里，语言描写与行动、心理描写相配合，两个人物，两种性格一狂一直，一媚一刚，何其分明！

5. 语言描写的作用

（1）表现人物的性格

语言是表达人物思想感情的工具，因此，人物的语言描写，能披露人物的内心世界，展示人物的个性特征。只有这样，才能使人物语言克服一般化、雷同化的弊病。

巴尔扎克小说里写对话非常巧妙，他并不描写人物的模样，却能使读者看了对话，就好像见到说话人似的。如巴尔扎克的《欧也妮·葛朗台》，写葛朗台逼死妻子后，为了不让女儿欧也妮继承妻子的遗产，在全家居丧的当天，就迫不及待地要他女儿签字放弃遗产继承权。作者在此描写了葛朗台与欧也妮一段精彩的对话：

他对欧也妮说："好孩子，现在你承继了你母亲啦，咱们中间可有些小小的事得办一办。"……

"难道非赶在今天办不行吗，父亲？"

"是呀，是呀，小乖乖。我不能让事情搁在那儿牵肠挂肚。你总不至于要我受罪吧。"

"噢，父亲……"

"好吧，那么今天晚上一切都得办了。"

当不明底细的欧也妮表示同意在光保留虚有权的文书上签字时，葛朗台仍不满足，还要求欧也妮"无条件抛弃承继权"，并要她"决不反悔"。当欧也妮刚作出肯定的表示时，他就欣喜若狂地说："孩子，你给了我生路，咱们两讫了。这才叫做公平交易。"通过对话描写，作者将葛朗台这个金钱拜物教的狂热信徒的吝啬、贪婪、冷酷、虚伪的个性特征，和盘托出。

鲁迅的《孔乙己》中有这样一段描写：

孔乙己一到店，所有喝酒的人便都看着他笑，有的叫道，"孔乙己，你脸上又添上新伤疤了！"他不回答，对柜里说，"温两碗酒，要一碟茴香豆。"便排出几文大钱。他们又故意的高声嚷道，"你一定又偷了人家的东西了！"孔乙己睁大眼睛说，"你怎么这样凭空污人清白……""什么清白？我前天亲眼见你偷了何家的书，吊着打。"孔乙己便涨红了脸，额上的青筋条条绽出，争辩道，"窃书不能算偷……窃书！……读书人的事，能算偷么？"

众人拿孔乙己的伤疤来取笑，拿他的痛苦来取乐。通过语言描写勾画着这些人麻木不仁穷极无聊的嘴脸，笑声里蕴蓄着一股悲凉的意味。孔乙己的一段话表明了想清白，但清白不了，又偏要争面子。可见孔乙己生活在矛盾之中而又成为取笑的对象。

《林黛玉进贾府》一文中写王熙凤：

> 这熙凤携着黛玉的手，上下细细打量了一回，仍送至贾母身边坐下，因笑道："天下真有这样标致的人物，我今儿才算见了！况且这通身的气派，竟不像老祖宗的外孙女竟是个嫡亲的孙女，怨不得老祖宗天天口头心头一时不忘。

抓住这句话，就能够分析好王熙凤。一语三雕，既讨好了贾母，又恭维了"三春"，说得黛玉也是美滋滋。充分表明了她八面玲珑，狡诈逢迎的性格。

（2）能揭示人物的身份与社会地位

在《水浒传》"林教头风雪山神庙"这一回中，描写了山神庙外三个人的对话。林冲在庙里从说话听出那三个人中一个是差拨，一个是陆谦，一个是富安。"端的亏管营、差拨两位用心！回到京师，禀过太尉，都保你二位做大官。这番张教头没得推故！"这是陆谦说的，特殊地位，不一般的身分，加上满口官腔，活现出他的特性。"林冲这番直吃我们对付了！高衙内这病必然好了！""再看一看，拾得他一两块骨头回京，府里见太尉和衙内时，也道我们也能会干事。"从话语中的庆幸态度和带有夸功请赏的口气，可知这是高府地位低微的奴仆富安说的话。"小人直爬入墙里去，四下草堆上点了十来个火把，待走哪里去！"又极力表现自己遵命效劳，显出一副奴才嘴脸。三个人的对话都是高度性格化的，真是闻其声如见其人。

鲁迅的《故乡》中有这样一段描写：

> 他站住了，脸上现出欢喜和凄凉的神情；动着嘴唇，却没有作声。他的态度终于恭敬起来了，分明的叫道：

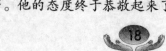

"老爷！……"

我似乎打了一个寒噤；我就知道，我们之间已经隔了一层可悲的厚障壁了。我也说不出话。他回过头去说，"水生，给老爷磕头。"

一声"老爷"，"我"与闰土少年时代的纯真友情，完全被封建的等级观念所代替了。

（3）反映作品的主题与时代特点等

在《我的叔叔于勒》中有这样一段描写：

> 父亲总要说那句永不变更的话："唉！如果于勒竟在这船上，那会叫人多么惊喜呀！"
>
> 母亲也常常说："只要这个好心的于勒一回来，我们的境况就不同了。他可真算得一个有办法的人。"用语言渲染对于勒的急切的盼望，意在反衬出见到于勒的失望。
>
> 毫无疑义，父亲是被这种高贵的吃法打动了，走到我母亲和两个姐姐身边问："你们要不要我请你们吃牡蛎？"故作优雅，其实这才是噩梦的开始，推动情节发展，使于勒逐步揭去了面纱。
>
> 我说："我给了他十个铜子的小费。"
>
> 我母亲吓了一跳，直望着我说："你简直是疯了！那十个铜子给这个人，给这个流氓！"

前后鲜明的对比，都是金钱惹得祸，他没再往下说，因为父亲指着女婿对他使了个眼色。

6. 语言描写中的常见病

(1) 人物语言或不符合人物身份

语言描写是刻画人物的重要手段之一。它要求不但要写出人物的共性特征。而且还要反映出人物的个性色彩，只有这样的语言描写才能收到生动传神的效果。有人说，人物语言描写是展示人物性格的一面镜子，就是说，通过人物的语言描写，读者可以清楚地了解人物的思想修养、身份、心理素质等多方面的情况。但是，如果语言描写不符合人物身份，或者充满说教色彩，缺乏鲜明的个性，就写不出人物的特征。

人物的思想感情主要靠语言来表达。恰如其分的语言描写，不仅能透露人物丰富微妙的内心秘密，而且能生动地刻画出人物独特的性格特征，"使读者看了对话，便好像目睹了说话的那些人。

(2) 语言要简洁明了

在进行语言描写时，语言要简洁。不能拖泥带水，更不能写一大堆的废话，让"人物"说个没完。语言拖泥带水，没话找话。不能拖泥带水，更不能写一大堆的废话，让"人物"说个没完。语言拖泥带水，没话找话，这是学生作文容易出现的毛病，即使生活中真的这样说了，也要根据文章需要进行取舍。在实际生活中，人们说的话既多又杂，写文章不是生活实录，不能原原本本地照搬生活。写进文章里的语言一定要经过提炼加工，跟中心密切相关的话，有助于刻画人物形象的话，再多也是必要的；反之，与中心无关，对刻画人物毫无作用的话，哪怕是半句也是多余的。

第二章

语言描写范文阅读

1. 范爱农

● 鲁 迅

在东京的客店里，我们大抵一起来就看报。学生所看的多是《朝日新闻》和《读卖新闻》，专爱打听社会上琐事的就看《二六新闻》。一天早晨，劈头就看见一条从中国来的电报，大概是：

"安徽巡抚恩铭被 Jo Shiki Rin 刺杀，刺客就擒。"

大家一怔之后，便容光焕发地互相告语，并且研究这刺客是谁，汉字是怎样三个字。但只要是绍兴人，又不专看教科书的，却早已明白了。这是徐锡麟，他留学回国之后，在做安徽候补道，办着巡警事务，正合于刺杀巡抚的地位。

大家接着就预测他将被极刑，家族将被连累。不久，秋瑾姑娘在绍兴被杀的消息也传来了，徐锡麟是被挖了心，给恩铭的亲兵炒食净尽。人心很愤怒。有几个人便秘密地开一个会，筹集川资；这时用得着日本浪人了，撕乌贼鱼下酒，慷慨一通之后，他便登程去接徐伯荪的家属去。

照例还有一个同乡会，吊烈士，骂满洲；此后便有人主张打电报到北京，痛斥满政府的无人道。会众即刻分成两派：一派要发电，一派不要发。我是主张发电的，但当我说出之后，即有一种钝滞的声音跟着起来：

"杀的杀掉了，死的死掉了，还发什么屁电报呢。"

这是一个高大身材，长头发，眼球白多黑少的人，看人总像在蔑视。他蹲在席子上，我发言大抵就反对；我早觉得奇怪，注意着他的了，到这时才打听别人：说这话的是谁呢，有那么冷？认识的人告诉我说：他叫范爱农，是徐伯荪的学生。

我非常愤怒了，觉得他简直不是人，自己的先生被杀了，连打一个电报还害怕，于是便坚执地主张要发电，同他争起来，结果是主张发电的居多数，他屈服了。其次要推出人来拟电稿。

"何必推举呢？自然是主张发电的人罗～～～。"他说。

我觉得他的话又在针对我，无理倒也并非无理的。但我便主张这一篇悲壮的文章必须深知烈士生平的人做，因为他比别人关系更密切，心里更悲愤，做出来就一定更动人。于是又争起来。结果是他不做，我也不做，不知谁承认做去了；其次是大家走散，只留下一个拟稿的和一两个干事，等候做好之后去拍发。

从此我总觉得这范爱农离奇，而且很可恶。天下可恶的人，当初以为是满人，这时才知道还在其次；第一倒是范爱农。中国不革命则已，要革命，首先就必须将范爱农除去。

然而这意见后来似乎逐渐淡薄，到底忘却了，我们从此也没有再见面。直到革命的前一年，我在故乡做教员，大概是春末时候罢，忽然在熟人的客座上看见了一个人，互相熟视了不过两三秒钟，我们便同时说：

"哦哦，你是范爱农！"

"哦哦，你是鲁迅！"

不知怎地我们便都笑了起来，是互相的嘲笑和悲哀。他眼睛还是那样，然而奇怪，只这几年，头上却有了白发了，但也许本来就有，我先前没有留心到。他穿着很旧的布马褂，破布鞋，显得很寒素。谈起自己的经历来，他说他后来没有了学费，不能再留学，便回来了。回到故乡之后，又受着轻蔑，排斥；迫害，几乎无地可容。现在是躲在乡下，教着几个小学生糊口。但因为有时觉得很气闷，所以也趁了航船进城来。

他又告诉我现在爱喝酒，于是我们便喝酒。从此他每一进城，必定来访我，非常相熟了。我们醉后常谈些愚不可及的疯话，连母亲偶然听到了也发笑。一天我忽而记起在东京开同乡会时的旧事，便问他：

"那一天你专门反对我，而且故意似的，究竟是什么缘故呢？"

"你还不知道？我一向就讨厌你的，——不但我，我们。"

"你那时之前，早知道我是谁么？"

"怎么不知道。我们到横滨，来接的不就是子英和你么？你看不起我们，摇摇头，你自己还记得么？"

我略略一想，记得的，虽然是七八年前的事。那时是子英来约我的，说到横滨去接新来留学的同乡。汽船一到，看见一大堆，大概一共有十多人，一上岸便将行李放到税关上去候查检，关吏在衣箱中翻来翻去，忽然翻出一双绣花的弓鞋来，便放下公事，拿着仔细地看。我很不满，心里想，这些鸟男人，怎么带这东西来呢。自己不注意，那时也许就摇了摇头。检验完毕，在客店小坐之后，即须上火车。不料这一群读书人又在客车上让起座位来了，甲要乙坐在这位上，乙要丙去坐，做揖未终，火车已开，车身一摇，即刻跌倒了三四个。我那时也很不满，暗地里想：连火车上的座位，他们也要分出尊卑来……。自己不注意，也许又摇了摇头。然而那群雍容揖让的人物中就有范爱农，却直到这一天才想到。岂但他呢，说起来也惭愧，这一群里，还有后来在安徽战死的陈伯平烈士，被害的马宗汉烈士；被囚在黑狱里，到革命后才见天日而身上永带着匪刑的伤痕的也还有一两人。而我都茫无所知，摇着头将他们一并运上东京了。徐伯荪虽然和他们同船来，却不在这车上，因为他在神户就和他的夫人坐车走了陆路了。

我想我那时摇头大约有两回，他们看见的不知道是那一回。让座时喧闹，检查时幽静，一定是在税关上的那一回了，试问爱农，果然是的。

"我真不懂你们带这东西做什么？是谁的？"

"还不是我们师母的？"他瞪着他多白的眼。

"到东京就要假装大脚，又何必带这东西呢？"

"谁知道呢？你问她去。"

到冬初，我们的景况更拮据了，然而还喝酒，讲笑话。忽然是武昌起义，接着是绍兴光复。第二天爱农就上城来，戴着农夫常用的毡帽，那笑容是从来没有见过的。

"老迅，我们今天不喝酒了。我要去看看光复的绍兴。我们同去。"

我们便到街上去走了一通，满眼是白旗。然而貌虽如此，内骨子是依旧的，因为还是几个旧乡绅所组织的军政府，什么铁路股东是行政司长，钱店掌柜是军械司长……。这军政府也到底不长久，几个少年一嚷，王金发带兵从杭州进来了，但即使不嚷或者也会来。他进来以后，也就被许多闲汉和新进的革命党所包围，大做王都督。在衙门里的人物，穿布衣来的，不上十天也大概换上皮袍子了，天气还并不冷。

我被摆在师范学校校长的饭碗旁边，王都督给了我校款二百元。爱农做监学，还是那件布袍子，但不大喝酒了，也很少有工夫谈闲天。他办事，兼教书，实在勤快得可以。

"情形还是不行，王金发他们。"一个去年听过我的讲义的少年来访问我，慷慨地说，"我们要办一种报来监督他们。不过发起人要借用先生的名字。还有一个是子英先生，一个是德清先生。为社会，我们知道你决不推却的。"

我答应他了。两天后便看见出报的传单，发起人诚然是三个。五天后便见报，开首便骂军政府和那里面的人员；此后是骂都督，都督的亲戚，同乡，姨太太……。

这样地骂了十多天，就有一种消息传到我的家里来，说都督因为你们诈取了他的钱，还骂他，要派人用手枪来打死你们了。

别人倒还不打紧，第一个着急的是我的母亲，叮嘱我不要再出去。但我还是照常走，并且说明，王金发是不来打死我们的，他虽然绿林大学出身，而杀人却不很轻易。况且我拿的是校款，这一点他还能明白的，不过说说罢了。

果然没有来杀。写信去要经费，又取了二百元。但仿佛有些怒意，同时传令道：再来要，没有了！

不过爱农得到了一种新消息，却使我很为难。原来所谓"诈取"者，并非指学校经费而言，是指另有送给报馆的一笔款。报纸上骂了几天之后，王金发便叫人送去了五百元。于是乎我们的少年们便开起会议来，第一个问题是：收不收？决议曰：收。第二个问题是：收了之后骂不骂？决议曰：骂。理由是：收钱之后，他是股东；股东不好，自然要骂。

我即刻到报馆去问这事的真假。都是真的。略说了几句不该收他钱的话，一个名为会计的便不高兴了，质问我道：

"报馆为什么不收股本？"

"这不是股本……。"

"不是股本是什么？"

我就不再说下去了，这一点世故是早已知道的，倘我再说出连累我们的话来，他就会面斥我太爱惜不值钱的生命，不肯为社会牺牲，或者明天在报上就可以看见我怎样怕死发抖的记载。

然而事情很凑巧，季弗写信来催我往南京了。爱农也很赞成，但颇凄凉，说：

"这里又是那样，住不得。你快去吧……。"

　　我懂得他无声的话，决计往南京。先到都督府去辞职，自然照准，派来了一个拖鼻涕的接收员，我交出账目和余款一角又两铜元，不是校长了。后任是孔教会会长傅力臣。

　　报馆案是我到南京后两三个星期了结的，被一群兵们捣毁。子英在乡下，没有事；德清适值在城里，大腿上被刺了一尖刀。他大怒了。自然，这是很有些痛的，怪他不得。他大怒之后，脱下衣服，照了一张照片，以显示一寸来宽的刀伤，并且做一篇文章叙述情形，向各处分送，宣传军政府的横暴。我想，这种照片现在是大约未必还有人收藏着了，尺寸太小，刀伤缩小到几乎等于无，如果不加说明，看见的人一定以为是带些疯气的风流人物的裸体照片，倘遇见孙传芳大帅，还怕要被禁止的。

　　我从南京移到北京的时候，爱农的学监也被孔教会会长的校长设法去掉了。他又成了革命前的爱农。我想为他在北京寻一点小事做，这是他非常希望的，然而没有机会。他后来便到一个熟人的家里去寄食，也时时给我信，景况愈困穷，言辞也愈凄苦。终于又非走出这熟人的家不可，便在各处飘浮。不久，忽然从同乡那里得到一个消息，说他已经掉在水里，淹死了。

　　我疑心他是自杀。因为他是浮水的好手，不容易淹死的。

　　夜间独坐在会馆里，十分悲凉，又疑心这消息并不确，但无端又觉得这是极其可靠的，虽然并无证据。一点法子都没有，只做了四首诗，后来曾在一种日报上发表，现在是将要忘记完了。只记得一首里的六句，起首四句是："把酒论天下，先生小酒人。大圜犹酩酊，微醉合沉沦。"中间忘掉两句，末了是"旧朋云散尽，余亦等轻尘。"

　　后来我回故乡去，才知道一些较为详细的事。爱农先是什么事也没得做，因为大家讨厌他。他很困难，但还喝酒，是朋友请他的。他已经很少和人们来往，常见的只剩下几个后来认识的较为年青的人了，然而他们似乎也不愿意多听他的牢骚，以为不如讲笑话有趣。

"也许明天就收到一个电报，拆开来一看，是鲁迅来叫我的。"他时常这样说。

一天，几个新的朋友约他坐船去看戏，回来已过夜半，又是大风雨，他醉着，却偏要到船舷上去小解。大家劝阻他，也不听，自己说是不会掉下去的。但他掉下去了，虽然能浮水，却从此不起来。

第二天打捞尸体，是在菱荡里找到的，直立着。

我至今不明白他究竟是失足还是自杀。

他死后一无所有，遗下一个幼女和他的夫人。有几个人想集一点钱作他女孩将来的学费的基金，因为一经提议，即有族人来争这笔款的保管权，——其实还没有这笔款，——大家觉得无聊，便无形消散了。

现在不知他唯一的女儿景况如何？倘在上学，中学已该毕业了罢。

十一月十八日。

（本篇最初发表于一九二六年十二月二十五日《莽原》半月刊第一卷第二十四期。）

2. 藤野先生

◉鲁　迅

东京也无非是这样。上野的樱花烂漫的时节，望去确也像绯红的轻云，但花下也缺不了成群结队的"清国留学生"的速成班，头顶上

28

盘着大辫子，顶得学生制帽的顶上高高耸起，形成一座富士山。也有解散辫子，盘得平的，除下帽来，油光可鉴，宛如小姑娘的发髻一般，还要将脖子扭几扭。实在标致极了。

中国留学生会馆的门房里有几本书买，有时还值得去一转；倘在上午，里面的几间洋房里倒也还可以坐坐的。但到傍晚，有一间的地板便常不免要咚咚咚地响得震天，兼以满房烟尘斗乱；问问精通时事的人，答道，"那是在学跳舞。"

到别的地方去看看，如何呢？

我就往仙台的医学专门学校去。从东京出发，不久便到一处驿站，写道：日暮里。不知怎地，我到现在还记得这名目。其次却只记得水户了，这是明的遗民朱舜水先生客死的地方。仙台是一个市镇，并不大；冬天冷得利害；还没有中国的学生。

大概是物以稀为贵罢。北京的白菜运往浙江，便用红头绳系住菜根，倒挂在水果店头，尊为"胶菜"；福建野生着的芦荟，一到北京就请进温室，且美其名曰"龙舌兰"。我到仙台也颇受了这样的优待，不但学校不收学费，几个职员还为我的食宿操心。我先是住在监狱旁边一个客店里的，初冬已经颇冷，蚊子却还多，后来用被盖了全身，用衣服包了头脸，只留两个鼻孔出气。在这呼吸不息的地方，蚊子竟无从插嘴，居然睡安稳了。饭食也不坏。但一位先生却以为这客店也包办囚人的饭食，我住在那里不相宜，几次三番，几次三番地说。我虽然觉得客店兼办囚人的饭食和我不相干，然而好意难却，也只得别寻相宜的住处了。于是搬到另一家，离监狱也很远，可惜每天总要喝难以下咽的芋梗汤。

从此就看见许多陌生的先生，听到许多新鲜的讲义。解剖学是两个教授分任的。最初是骨学。其时进来的是一个黑瘦的先生，八字须，戴着眼镜，挟着一叠大大小小的书。一将书放在讲台上，便用了缓慢而很有顿挫的声调，向学生介绍自己道：

"我就是叫作藤野严九郎的……。"

后面有几个人笑起来了。他接着便讲述解剖学在日本发达的历史，那些大大小小的书，便是从最初到现今关于这一门学问的著作。起初有几本是线装的；还有翻刻中国译本的，他们的翻译和研究新的医学，并不比中国早。

那坐在后面发笑的是上学年不及格的留级学生，在校已经一年，掌故颇为熟悉的了。他们便给新生讲演每个教授的历史。这藤野先生，据说是穿衣服太模糊了，有时竟会忘记带领结；冬天是一件旧外套，寒颤颤的，有一回上火车去，致使管车的疑心他是扒手，叫车里的客人大家小心些。

他们的话大概是真的，我就亲见他有一次上讲堂没有带领结。

过了一星期，大约是星期六，他使助手来叫我了。到得研究室，见他坐在人骨和许多单独的头骨中间，——他其时正在研究着头骨，后来有一篇论文在本校的杂志上发表出来。

"我的讲义，你能抄下来么？"他问。

"可以抄一点。"

"拿来我看！"

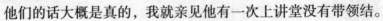

我交出所抄的讲义去，他收下了，第二三天便还我，并且说，此后每一星期要送给他看一回。我拿下来打开看时，很吃了一惊，同时也感到一种不安和感激。原来我的讲义已经从头到末，都用红笔添改过了，不但增加了许多脱漏的地方，连文法的错误，也都一一订正。这样一直继续到教完了他所担任的功课：骨学、血管学、神经学。

可惜我那时太不用功，有时也很任性。还记得有一回藤野先生将我叫到他的研究室里去，翻出我那讲义上的一个图来，是下臂的血管，指着，向我和蔼的说道：

"你看，你将这条血管移了一点位置了。——自然，这样一移，的确比较的好看些，然而解剖图不是美术，实物是那么样的，我们没法改换它。现在我给你改好了，以后你要全照着黑板上那样的画。"

但是我还不服气，口头答应着，心里却想道：

"图还是我画的不错；至于实在的情形，我心里自然记得的。"

学年试验完毕之后，我便到东京玩了一夏天，秋初再回学校，成绩早已发表了，同学一百余人之中，我在中间，不过是没有落第。这回藤野先生所担任的功课，是解剖实习和局部解剖学。

解剖实习了大概一星期，他又叫我去了，很高兴地，仍用了极有抑扬的声调对我说道：

"我因为听说中国人是很敬重鬼的，所以很担心，怕你不肯解剖尸体。现在总算放心了，没有这回事。"

但他也偶有使我很为难的时候。他听说中国的女人是裹脚的，但不知道详细，所以要问我怎么裹法，足骨变成怎样的畸形，还叹息道，"总要看一看才知道。究竟是怎么一回事呢？"

有一天，本级的学生会干事到我寓里来了，要借我的讲义看。我检出来交给他们，却只翻检了一通，并没有带走。但他们一走，邮差就送到一封很厚的信，拆开看时，第一句是："你改悔罢！"

这是《新约》上的句子罢，但经托尔斯泰新近引用过的。其时正值日俄战争，托老先生便写了一封给俄国和日本的皇帝的信，开首便是这一句。日本报纸上很斥责他的不逊，爱国青年也愤然，然而暗地里却早受了他的影响了。其次的话，大略是说上年解剖学试验的题目，是藤野先生在讲义上做了记号，我预先知道的，所以能有这样的成绩。末尾是匿名。

我这才回忆到前几天的一件事。因为要开同级会；干事便在黑板上写广告，末一句是"请全数到会勿漏为要"，而且在"漏"字旁边加了一个圈。我当时虽然觉到圈得可笑，但是毫不介意，这回才悟出那字也在讥刺我了，犹言我得了教员漏泄出来的题目。

我便将这事告知了藤野先生；有几个和我熟识的同学也很不平，一同去诘责干事托辞检查的无礼，并且要求他们将检查的结果，发表出来。终于这流言消灭了，干事却又竭力运动，要收回那一封匿名信去。结末是我便将这托尔斯泰式的信退还了他们。

中国是弱国，所以中国人当然是低能儿，分数在六十分以上，便不是自己的能力了：也无怪他们疑惑。但我接着便有参观枪毙中国人的命运了。第二年添教霉菌学，细菌的形状是全用电影来显示的，一段落已完而还没有到下课的时候，便影几片时事的片子，自然都是日本战胜俄国的情形。但偏有中国人夹在里边：给俄国人做侦探，被日本军捕获，要枪毙了，围着看的也是一群中国人；在讲堂里的还有一个我。

"万岁！"他们都拍掌欢呼起来。

这种欢呼，是每看一片都有的，但在我，这一声却特别听得刺耳。此后回到中国来，我看见那些闲看枪毙犯人的人们，他们也何尝不酒醉似的喝采，——呜呼，无法可想！但在那时那地，我的意见却变化了。

到第二学年的终结，我便去寻藤野先生，告诉他我将不学医学，并且离开这仙台。他的脸色仿佛有些悲哀，似乎想说话，但竟没有说。

"我想去学生物学，先生教给我的学问，也还有用的。"其实我并没有决意要学生物学，因为看得他有些凄然，便说了一个安慰他的谎话。

"为医学而教的解剖学之类，怕于生物学也没有什么大帮助。"他叹息说。

将走的前几天，他叫我到他家里去，交给我一张照相，后面写着两个字道:"惜别",还说希望将我的也送他。但我这时适值没有照相了;他便叮嘱我将来照了寄给他,并且时时通信告诉他此后的状况。

我离开仙台之后,就多年没有照过相,又因为状况也无聊,说起来无非使他失望,便连信也怕敢写了。经过的年月一多,话更无从说起,所以虽然有时想写信,却又难以下笔,这样的一直到现在,竟没有寄过一封信和一张照片。从他那一面看起来,是一去之后,杳无消息了。

但不知怎地,我总还时时记起他,在我所认为我师的之中,他是最使我感激,给我鼓励的一个。有时我常常想:他的对于我的热心的希望,不倦的教诲,小而言之,是为中国,就是希望中国有新的医学;大而言之,是为学术,就是希望新的医学传到中国去。他的性格,在我的眼里和心里是伟大的,虽然他的姓名并不为许多人所知道。

他所改正的讲义,我曾经订成三厚本,收藏着的,将作为永久的纪念。不幸七年前迁居的时候,中途毁坏了一口书箱,失去半箱书,恰巧这讲义也遗失在内了。责成运送局去找寻,寂无回信。只有他的照相至今还挂在我北京寓居的东墙上,书桌对面。每当夜间疲倦,正想偷懒时,仰面在灯光中瞥见他黑瘦的面貌,似乎正要说出抑扬顿挫的话来,便使我忽又良心发现,而且增加勇气了,于是点上一枝烟,再继续写些为"正人君子"之流所深恶痛疾的文字。

十月十二日。

(本篇最初发表于一九二六年十二月十日《莽原》半月刊第一卷第二十三期。)

3．父亲的病

●鲁 迅

　　大约十多年前罢，S城中曾经盛传过一个名医的故事：

　　他出诊原来是一元四角，特拔十元，深夜加倍，出城又加倍。有一夜，一家城外人家的闺女生急病，来请他了，因为他其时已经阔得不耐烦，便非一百元不去。他们只得都依他。待去时，却只是草草地一看，说道"不要紧的"，开一张方，拿了一百元就走。那病家似乎很有钱，第二天又来请了。他一到门，只见主人笑面承迎，道，"昨晚服了先生的药，好得多了，所以再请你来复诊一回。"仍旧引到房里，老妈子便将病人的手拉出帐外来。他一按，冷冰冰的，也没有脉，于是点点头道，"唔，这病我明白了。"从从容容走到桌前，取了药方纸，提笔写道：

　　"凭票付英洋壹百元正。"下面是署名，画押。

　　"先生，这病看来很不轻了，用药怕还得重一点罢。"主人在背后说。

　　"可以，"他说。于是另开了一张方：

　　"凭票付英洋贰百元正。"下面仍是署名，画押。

　　这样，主人就收了药方，很客气地送他出来了。

　　我曾经和这名医周旋过两整年，因为他隔日一回，来诊我的父亲的病。那时虽然已经很有名，但还不至于阔得这样不耐烦；可是诊金却已经是一元四角。现在的都市上，诊金一次十元并不算奇，可是那时是一元四角已是巨款，很不容易张罗的了；又何况是隔日一次。他

大概的确有些特别，据舆论说，用药就与众不同。我不知道药品，所觉得的，就是"药引"的难得，新方一换，就得忙一大场。先买药，再寻药引。"生姜"两片，竹叶十片去尖，他是不用的了。起码是芦根，须到河边去掘；一到经霜三年的甘蔗，便至少也得搜寻两三天。可是说也奇怪，大约后来总没有购求不到的。

据舆论说，神妙就在这地方。先前有一个病人，百药无效；待到遇见了什么叶天士先生，只在旧方上加了一味药引：梧桐叶。只一服，便霍然而愈了。"医者，意也。"其时是秋天，而梧桐先知秋气。其先百药不投，今以秋气动之，以气感气，所以……。我虽然并不了然，但也十分佩服，知道凡有灵药，一定是很不容易得到的，求仙的人，甚至于还要拼了性命，跑进深山里去采呢。

这样有两年，渐渐地熟识，几乎是朋友了。父亲的水肿是逐日利害，将要不能起床；我对于经霜三年的甘蔗之流也逐渐失了信仰，采办药引似乎再没有先前一般踊跃了。正在这时候，他有一天来诊，问过病状，便极其诚恳地说：

"我所有的学问，都用尽了。这里还有一位陈莲河先生，本领比我高。我荐他来看一看，我可以写一封信。可是，病是不要紧的，不过经他的手，可以格外好得快……。"

这一天似乎大家都有些不欢，仍然由我恭敬地送他上轿。进来时，看见父亲的脸色很异样，和大家谈论，大意是说自己的病大概没有希望的了；他因为看了两年，毫无效验，脸又太熟了，未免有些难以为情，所以等到危急时候，便荐一个生手自代，和自己完全脱了干系。但另外有什么法子呢？本城的名医，除他之外，实在也只有一个陈莲河了。明天就请陈莲河。

陈莲河的诊金也是一元四角。但前回的名医的脸是圆而胖的，他却长而胖了：这一点颇不同。还有用药也不同，前回的名医是一个人还可以办的，这一回却是一个人有些办不妥帖了，因为他一张药方上，总兼有一种特别的丸散和一种奇特的药引。

芦根和经霜三年的甘蔗，他就从来没有用过。最平常的是"蟋蟀一对"，旁注小字道："要原配，即本在一窠中者。"似乎昆虫也要贞节，续弦或再醮，连做药资格也丧失了。但这差使在我并不为难，走进百草园，十对也容易得，将它们用线一缚，活活地掷入沸汤中完事。然而还有"平地木十株"呢，这可谁也不知道是什么东西了，问药店，问乡下人，问卖草药的，问老年人，问读书人，问木匠，都只是摇摇头，临末才记起了那远房的叔祖，爱种一点花木的老人，跑去一问，他果然知道，是生在山中树下的一种小树，能结红子如小珊瑚珠的，普通都称为"老弗大"。

"踏破铁鞋无觅处，得来全不费工夫。"药引寻到了，然而还有一种特别的丸药：败鼓皮丸。这"败鼓皮丸"就是用打破的旧鼓皮做成；水肿一名鼓胀，一用打破的鼓皮自然就可以克伏他。清朝的刚毅因为憎恨"洋鬼子"，预备打他们，练了些兵称作"虎神营"，取虎能食羊，神能伏鬼的意思，也就是这道理。可惜这一种神药，全城中只有一家出售的，离我家就有五里，但这却不像平地木那样，必须暗中摸索了，陈莲河先生开方之后，就恳切详细地给我们说明。

"我有一种丹，"有一回陈莲河先生说，"点在舌上，我想一定可以见效。因为舌乃心之灵苗……。价钱也并不贵，只要两块钱一盒……。"

我父亲沉思了一会，摇摇头。

"我这样用药还会不大见效，"有一回陈莲河先生又说，"我想，可以请人看一看，可有什么冤愆……。医能医病，不能医命，对不对？自然，这也许是前世的事……。"

我的父亲沉思了一会，摇摇头。

凡国手，都能够起死回生的，我们走过医生的门前，常可以看见这样的匾额。现在是让步一点了，连医生自己也说道："西医长于外科，中医长于内科。"但是 S 城那时不但没有西医，并且谁也还没有想到天下有所谓西医，因此无论什么，都只能由轩辕岐伯的嫡派门徒包办。轩辕时候是巫医不分的，所以直到现在，他的门徒就还见鬼，而且觉得"舌乃心之灵苗"。这就是中国人的"命"，连名医也无从医治的。

不肯用灵丹点在舌头上，又想不出"冤愆"来，自然，单吃了一百多天的"败鼓皮丸"有什么用呢？依然打不破水肿，父亲终于躺在床上喘气了。还请一回陈莲河先生，这回是特拔，大洋十元。他仍旧泰然的开了一张方，但已停止败鼓皮丸不用，药引也不很神妙了，所以只消半天，药就煎好，灌下去，却从口角上回了出来。

从此我便不再和陈莲河先生周旋，只在街上有时看见他坐在三名轿夫的快轿里飞一般抬过；听说他现在还康健，一面行医，一面还做中医什么学报，正在和只长于外科的西医奋斗哩。

中西的思想确乎有一点不同。听说中国的孝子们，一到将要"罪孽深重祸延父母"的时候，就买几斤人参，煎汤灌下去，希望父母多喘几天气，即使半天也好。我的一位教医学的先生却教给我医生的职务道：可医的应该给他医治，不可医的应该给他死得没有痛苦。——但这先生自然是西医。

父亲的喘气颇长久，连我也听得很吃力，然而谁也不能帮助他。我有时竟至于电光一闪似的想道："还是快一点喘完了罢……。"立刻觉得这思想就不该，就是犯了罪；但同时又觉得这思想实在是正当的，我很爱我的父亲。便是现在，也还是这样想。

早晨，住在一门里的衍太太进来了。她是一个精通礼节的妇人，说我们不应该空等着。于是给他换衣服；又将纸锭和一种什么《高王经》烧成灰，用纸包了给他捏在拳头里……。

"叫呀，你父亲要断气了。快叫呀!"衍太太说。

"父亲! 父亲!"我就叫起来。

"大声! 他听不见。还不快叫?!"

"父亲!!! 父亲!!!"

他已经平静下去的脸，忽然紧张了，将眼微微一睁，仿佛有一些苦痛。

"叫呀! 快叫呀!"她催促说。

"父亲!!!"

"什么呢? ……不要嚷。……不……。"他低低地说，又较急地喘着气，好一会，这才复了原状，平静下去了。

"父亲!!!"我还叫他，一直到他咽了气。

我现在还听到那时的自己的这声音，每听到时，就觉得这却是我对于父亲的最大的错处。

十月七日。

（本篇最初发表于一九二六年十一月十日《莽原》半月刊第一卷第二十一期。）

4．女杰郭耳缦

● 苏曼殊

1903 年秋，曼殊在苏州任教，得悉挚友陈仲甫（独秀）

在上海办《国民日日报》，即辞教前往该报任英文翻译，乃将年前在日本搜集到有关郭耳缦的资料，撰写成此文。

郭耳缦——EmmaGoldman（1869—1940），国际无政府主义者。生于俄国立陶宛，在圣彼得堡长大。十七岁赴美国，在纽约州罗彻斯特市当工人。后前往康涅狄格州新港与纽约市，结识无政府主义者，从事宣传活动，曾坐牢多次。第一次世界大战后返国，因不满政府而转去英国。死于加拿大多伦多市。

女杰与无政府党

咄！咄！！咄！！！北美合众国大统领麦金莱（原译麦坚尼），于西历一千九百零一年九月十四日被枣高士刺毙于纽约（原译纽育）博览会。捕缚之后，受裁判。枣高士声言："行刺之由，乃听无政府党巨魁郭耳缦女杰之演说，有所感愤，决意杀大统领者也。"

当局者下捕郭耳缦女杰之令，追寻四日，竟由无政府党员西脑李斯之住宅就缚。

女杰之素行

郭耳缦年三十二，生于俄京圣彼得堡。当十六年前，姐妹偕至美国，定居于罗彻斯特（原译洛旗斯达）。身在中流社会，常寄同情于不幸之贫民，被种种不正裁判事件所驱，竟投身于无政府党，以鼓吹该党之主义为生涯。

女杰与枣高士之关系

郭耳缦与枣高士无深交，彼此仅面会一次，亲与谈话亦不过片刻之间耳。五月中旬，郭耳缦在克利夫兰（原译库黎乌兰）市开讲演会二次。时枣高士临会，听其议论，雄心勃勃，谋杀大统领之机已动于此。政府指女杰为暗杀之教唆者，非偶然也。

女杰之气焰

郭耳缦曰:"无政府党员,非必须唉使枣高士加凶行于大统领也。大统领何人?自无政府党之眼视之,不过一最无学无用之长物已耳!有何所尊崇?然则无政府党亦何为而必加刃于此无用之长物也耶?当世之人,于大统领之被杀也,亦非常惊扰,此诚妾所不解者。妾无政府党员也,社会学者也。无政府党之主义,在破坏社会现在之恶组织,在教育个人,断非持利用暴力之主义者。妾之对于该犯人之所为,毫不负其责任,因该犯人依自己之见解而加害于大统领。若直以妾为其教唆者,则未免过当也。该犯人久苦逆境,深恶资本家之压抑贫民,失望之极,又大受刺击,由万种悲愤中,大发其拯救同胞之志愿者耳。"

狱中之女杰

斯时也,女杰拘留狱中,意气轩昂,毫无挫折。遥见铁窗之外,哀吊大统领之半旗飘然高树于街头,女杰冷然叹曰:"大统领死,是奚足怪?人皆有必死之运命,王侯、贵族、劳动者,何所区别耶?麦金莱之死也,市民皆为之惜,为之悲,何为乎?特以其为大统领故,而追悼之耶?吾宁深悼。夫市井间可怜劳动者之死也!"其卓见如此。女杰后卒放免,而枣高士遂定罪。

英皇之警戒

英皇爱德华(原译爱德威尔)七世,因此深为之惧。日夜孜孜严加警戒,常使数名微服警官卫护身边,如秦始皇也者。噫!皇帝,皇帝,诚可怜矣!

各国无政府党之响应

是时各国之无政府党人;云起响应,如某宝玉商与法人富塞伦氏论南非洲之惨状,而归咎于英国殖民大臣张伯伦。宝玉商遂唉富氏刺杀张伯伦，而富氏不允诺。宝玉商怒甚，即在地上执起铁棒，将富氏击毙，此宝玉商固有名之社会党员也。同日又有加拿大警电，云英国皇太子巡游殖民地之时，有无政府党员，抱暗杀之目的，同到市中，后市长知之，严为防护乃免。千八百九十八年九月一日，奥、匈国皇后伊莉莎白（原译以利沙伯托），正徒步游览于瑞士（原译瑞西）国日内瓦（原译更富市）间，忽被二十五岁之工人所诛。是非无政府党员意大利路易基尔秦之所为乎？又千九百年七月二十九日，意帝洪伯尔特一世（原译夫母陪尔德一世）由罗马市郊外蒙萨村之归途，殪于凶人之手。是非无政府党员意大利人布列西之所为乎？又千九百〇一年三月六日，德皇威廉第二世赴不来梅（布内门）市之火车站，途中遇一工人，持铁袭来，帝乃负伤。又千九百〇二年十一月十五日，比利时今皇李奥波尔德（原译雷阿活尔）第二世尝受短铳弹丸，幸负微伤。是非无政府党员意大利人夫尔诺之所为乎？——继此风云，尚不知其何所极也！

5．碧伽女郎传

◉ 苏曼殊

1916 年夏，曼殊在上海得到一幅德国邮片，上有一女郎肖像。曼殊便与杨沧白、叶楚伧开玩笑，当作真有其人，请二人赋诗，自己则串缀成此文。

碧伽女郎，德意志产。父为一乡祭酒，其母国色也。幼通拉丁文。及长，姿度美秀，纤腰能舞。年十五，避乱至圣约克。邻居有一勋爵，老矣，悯其流落可叹，以二女一子师事之，时于灯下，弦轸自放。自云："安命观化，不欲求知于人。"和尚闻之，欲观其人，乃曰："天生此才，在于女子，非寿征也！"

蜀山父绝句云：

> 子夜歌残玉漏赊，春明梦醒即天涯。
> 岂知海外森林族，犹有人间豆蔻花！

白傅情怀，令人凄恻耳！

> 细雨高楼春去矣，围炉无语画寒灰。
> 天公无故乱人意，一树桃花带雪开。

碧伽女郎濒死幸生，程明经乃以歪诗题其小影。嗟乎！不幸而为女子，复蒙不事之名。吾知碧伽终为吾国比干剖心而不悔耳！

四月二十一日

6. 怀晚晴老人

● 夏丏尊

壁间挂着一张和尚的照片，这是弘一法师。自从八一三前夕，全家六七口从上海华界迁避租界以来，老是挤居在一间客堂里，除了随身带出的一点衣被以外，什么都没有，家具尚是向朋友家借凑来的，装饰品当然谈不到，真可谓家徒四壁，挂这张照片也还是过了好几个月以后的事。

弘一法师的照片我曾有好几张，迁避时都未曾带出。现在挂着的一张，是他去年从青岛回厦门，路过上海时请他重拍的。

他去年春间从厦门往青岛湛山寺讲律，原约中秋后返厦门。"八一三"以后不多久，我接到他的信，说要回上海来再到厦门去。那时上海正是炮火喧天，炸弹如雨，青岛还很平静。我劝他暂住青岛，并报告他我个人损失和困顿的情形。他来信似乎非回厦门不可，叫我不必替他过虑。且安慰我说："湛山寺居僧近百人，每月食物至少需三百元。现在住持者不生忧虑，因依佛法自有灵感，不致绝粮也。"

在大场陷落的前几天，他果然到上海来了。从新北门某寓馆打电话到开明书店找我。我不在店，雪邨先生代我先去看他。据说，他向章先生详问我的一切，逃难的情形，儿女的情形，事业和财产的情形，什么都问到。章先生逐项报告他，他听到一项就念一句佛。我赶去看他已在夜间，他却没有详细问什么。几年不见，彼此都觉得老了。他见我有愁苦的神情，笑对我说道："世间一切，本来都是假的，不可认真。前回我不是替你写过一幅金刚经的四句偈了吗？'一切有为法，如梦幻泡影，如露亦如电，应作如是观。'你现在正可觉悟这真理了。"

他说三天后有船开厦门，在上海可住二日。第二天又去看他。那旅馆是一面靠近民国路一面靠近外滩的，日本飞机正狂炸浦东和南市一带，在房间里坐着，每几分钟就要受震惊一次。我有些挡不住，他却镇静如常，只微动着嘴唇。这一定又在念佛了。和几位朋友拉他同到觉林蔬食处午餐，以后要求他到附近照相馆留一摄影——就是这张相片。

他回到厦门以后，依旧忙于讲经说法。厦门失陷时，我们很记念他，后来知道他已早到了漳州了。来信说："近来在漳州城区弘扬佛法，十分顺利。当此国难之时，人多发心归信佛法也。"今年夏间，我丢了一个孙儿，他知道了，写信来劝我念佛。秋间，老友经子渊先生病笃了，他也写信来叫我转交，劝他念佛。因为战时邮件缓慢，这信到时，子渊先生已逝去，不及见了。

厦门陷落后，丰子恺君从桂林来信，说想迎接他到桂林去。我当时就猜测他不会答应的。果然，子恺前几天来信说，他不愿到桂林去。据子恺来信，他复子恺的信说："朽人年来老态日增，不久即往生极乐。故于今春在泉州及惠安尽力宏法，近在漳州亦尔。犹如夕阳，殷红绚彩，随即西沉。吾生亦尔，世寿将尽，聊作最后之记念耳。……缘是不克他往，谨谢厚谊。"这几句话非常积极雄壮，毫没有感伤气。

他自题白马湖的庵居叫"晚晴山房"，有时也自称晚晴老人。据他和我说，他从儿时就欢喜唐人"人间爱晚晴"（李义山句）的诗句，所以有此称号。"犹如夕阳，殷红绚彩，随即西沉"这几句话，恰好就是晚晴二字的注脚，可以道出他的心事的。

他今年五十九岁，再过几天就六十岁了。去年在上海离别时，曾对我说："后年我六十岁，如果有缘，当重来江浙，顺便到白马湖晚晴山房去小住一回，且看吧。"他的话原是毫不执着的。凡事随缘，要看"缘"的有无，但我总希望有这个"缘"。

7. 早老者的忏悔

● 夏丏尊

朋友间谈话，近来最多谈及的是关于身体的事。不管是三十岁的朋友，四十左右的朋友，都说身体应付不过各自的工作，自己照起镜子来，看到年龄以上的老态。彼此感慨万分。

我今年五十，在朋友中原比较老大。可是自己觉得体力减退，已好多年了。三十五六岁以后，我就感到身体一年不如一年，工作起不得劲，只是怏怏地勉强挨，几乎无时不觉到疲劳，什么都觉得厌倦，这情形一直到如今。十年以前，我还只四十岁，不知道我年龄的都说我是五十岁光景的人，近来居然有许多人叫我"老先生"。论年龄，五十岁的人应该还大有可为，古今中外，尽有活到了七十八十，元气很盛的。可是我却已经老了，而且早已老了。因为身体不好，关心到一般体育上的事情，对于早年自己的学校生活发现一种重大的罪过。现在的身体不好，可以说是当然的报应。这罪过是什么？就是看不起体操教师。

体操教师的被蔑视，似乎在现在也是普通现象。这是有着历史关系的。我自己就是一个历史的人物。三十年前，中国初兴学校，学校制度不像现在的完整。我是弃了八股文进学校的，所进的学校，先后有好几个，程度等于现在的中学。当时学生都是所谓"读书人"，童生、秀才都有，年龄大的可三十岁，小的可十五六岁，我算是比较年轻的一个。那时学校教育虽号称"德育、智育、体育并重"，可是学生所注重的是"智育"，学校所注重的也是"智育"，"德育"和"体育"只居附属的地位。在全校的教师之中，最被重视的是英文教师，次之是数学教师，格致（理化博物之总名）教师，最被蔑视的是修身教师，体操教师。大家把修身教师认作迂腐的道学家，把体操教师认作卖艺打拳的江湖家。修身教师大概是国文教师兼的，体操教师的薪水在教师中最低，往往不及英文教师的半数。

那时学校新设，各科教师都并无一定的资格，不像现在的有大学或专门科毕业生。国文教师，历史教师，由秀才、举人中挑选，英文教师大概向上海聘请，圣约翰书院（现在改称大学，当时也叫梵王渡）出身的曾大出过风头，数学、格致教师也都是把教会学校的未毕业生拉来充数。论起资格来，实在薄弱得很。尤其是体操教师，他们不是三个月或半年的速成科出身，就是曾经在任何学校住过几年的三脚猫。那时一面有学校，一面还有科举，大家把学校教育当作科举的准备。体操一科，对于科举是全然无关的，又不像现在学校的有竞技选手之类的名目，谁也不去加以注重。在体操时间，有的请假，有的立在操场上看教师玩把戏，自己敷衍了事。体操教师对于所教的功课，似乎也并无何等的自信与理论，只是今日球类，明日棍棒，轮番着变换花样，想以趣味来维系人心。可是学生老不去睬他。

蔑视体操科，看不起体操教师，是那时的习惯。这习惯在我竟一直延长下去，我敢自己报告，我在以后近十年的学生生活中，不曾用了心操过一次的体操，也不曾对于某一位体操教师抱过尊敬之念。换一句话说，我在学生时代不信"一二三四"等类的动作和习惯会有益于自己后来的健康。我只觉得"一二三四"等类的动作干燥无味。朋友之中，有每日早晨在床上作二十分操的，有每日临睡操八段锦的，据说持久着做，会有效果，劝我也试试。他们的身体确比我好得多，我也已经从种种体验上知道运动的要义不在趣味而在继续持久，养成习惯。可是因为一向对于这些上面厌憎，终于立不住自己的决心，起不成头，一任身体一日不如一日。

我们所过的是都市的工商生活，房子是鸽笼，业务头绪纷繁，走路得刻刻留心，应酬上饮食容易过度，感官日夜不绝地受到刺激，睡眠是长年不足的，事业上的忧虑，生活上的烦闷是没有一刻忘怀的，这样的生活当然会使人早老早死，除了捏锄头的农夫以外，却无法不营这样的生活，这是事实，积极的自救法，唯有补充体力，及早预备好了身体来。

"如果我在学生时代不那样蔑视体操科，对于体操教师不那样看他们不起，多少听受他们的教诲，也许……"我每当顾念自己的身体现状时常这样暗暗叹息。

8．再会

◉ 许地山

靠窗棂坐着那位老人家是一位航海者，刚从海外归来的。他和萧老太太是少年时代的朋友，彼此虽别离了那么些年，然而他们会面时，直像忘了当中经过的日子。现在他们正谈起少年时代的旧话。

"蔚明哥，你不是二十岁的时候出海的么？"她屈着自己的指头，数了一数，才用那双被阅历染浊了的眼睛看着她的朋友说，"呀，四十五年就像我现在数着指头一样地过去了！"

老人家把手捋一捋胡子，很得意地说："可不是！……记得我到你家辞行那一天，你正在园里饲你那只小鹿；我站在你身边一棵正开着花的枇杷树下，花香和你头上的油香杂窜入我的鼻中。当时，我的别绪也不晓得要从哪里说起；但你只低头抚着小鹿。我想你那时也不能多说什么，你竟然先问一句'要等到什么时候我们再能相见呢'？我就慢答道：'毋须多少时候。'那时，你……"

老太太截着说："那时候的光景我也记得很清楚。当你说这句的时候，我不是说'要等再相见时，除非是黑墨有洗得白的时节'。哈哈！你去时，那缕漆黑的头发现在岂不是已被海水洗白了么？"

老人家摩摩自己的头顶，说："对啦！这也算应验哪！可惜我总不（见）着芳哥，他过去多少年了？""唉，久了！你看我已经抱过

47

四个孙儿了。"她说时，看着窗外几个孩子在瓜棚下玩，就指着那最高的孩子说，"你看鼎儿已经十二岁了，他公公就在他弥月后去世的。"

他们谈话时，丫头端了一盘牡蛎煎饼来。老太太举手嚷着蔚明哥说："我定知道你的嗜好还没有改变，所以特地为你做这东西。

"你记得我们少时，你母亲有一天做这样的饼给我们吃。你拿一块，吃完了才嫌饼里的牡蛎少，助料也不如我的多，闹着要把我的饼抢去。当时，你母亲说了一句话，教我常常忆起，就是'好孩子，算了罢。助料都是搁在一起渗匀的。做的时候，谁有工夫把分量细细去分配呢？这自然是免不了有些多，有些少的；只要饼的气味好就够了。你所吃的原不定就是为你做的，可是你已经吃过，就不能再要了。'蔚明哥，你说末了这话多么感动我呢！拿这个来比我们的境遇罢：境遇虽然一个一个排列在面前，容我们有机会选择，有人选得好，有人选得歹，可是选定以后，就不能再选了。"

老人家拿起饼来吃，慢慢地说："对啦！你看我这一生净在海面生活，生活极其简单，不像你这么繁复，然而我还是像当时吃那饼一样——也就饱了。"

"我想我老是多得便宜。我的境遇的饼虽然多一些助料，也许好吃一些，但是我的饱足是和你一样的。"

谈旧事是多么开心的事！看这光景，他们像要把少年时代的事迹一一回溯一遍似地。但外面的孩子们不晓得因什么事闹起来，老太太先出去做判官；这里留着一位矍铄的航海者静静地坐着吃他的饼。

9. 愚妇人

◎ 许地山

从深山伸出一条蜿蜒的路，窄而且崎岖。一个樵夫在那里走着，一面唱：

> 鸧鹧鸧鹧，鸧鹧鸧鹧，来年莫再鸣！
> 鸧鹧鸧鹧一鸣草又生。
> 草木青青不过一百数十日，
> 到头来，又是樵夫担上薪。
> 鸧鹧鸧鹧，鸧鹧鸧鹧，来年莫再鸣！
> 鸧鹧鸧鹧一鸣虫又生。
> 百虫生来不过一百数十日，
> 到头来，又要纷纷扑红灯。
> 鸧鹧鸧鹧，鸧鹧鸧鹧，来年莫再鸣！
> ……

他唱时，软和的晚烟已随他的脚步把那小路封起来了，他还要往下唱，猛然看见一个健壮的老妇人坐在溪涧边，对着流水哭泣。

"你是谁？有什么难过的事？说出来，也许我能帮助你。"

"我么？唉！我……不必问了。"

樵夫心里以为她一定是个要寻短见的人，急急把担卸下，进前几步，想法子安慰她。他说："妇人，你有什么难处，请说给我听，或者我能帮助你。天色不早了，独自一人在山中是很危险的。"

妇人说："我从来就不知道什么叫做难过。自从我父母死后，我就住在这树林里。我的亲戚和同伴都叫我做石女。"她说到这里，眼泪就融下来了。往下她的话语就支离得怪难明白。过一会，她才慢慢说："我……我到这两天才知道石女的意思。"

"知道自己名字的意思，更应当喜欢，为何倒反悲伤起来？"

"我每年看见树林里的果木开花，结实；把种子种在地里，又生出新果木来。我看见我的亲戚、同伴们不上二年就有一个孩子抱在她们怀里。我想我也要像这样——不上二年就可以抱一个孩子在怀里。我心里这样说，这样盼望，到如今，六十年了！我不明白，才打听一下。呀，这一打听，叫我多么难过！我没有抱孩子的希望了，……然而，我就不能像果木，比不上果木么？"

"哈，哈，哈！"樵夫大笑了，他说："这正是你的幸运哪！抱孩子的人，比你难过得多，你为何不往下再向她们打听一下呢？我告诉你，不曾怀过胎的妇人是有福的。"

一个路旁素不相识的人所说的话，哪里能够把六十年的希望——迷梦——立时揭破呢？到现在，她的哭声，在樵夫耳边，还可以约略地听见。

（原刊 1922 年 4 月《小说月报》第 13 卷第 4 号）

10．父亲

● 彭家煌

仲夏的一晚，乌云棉被似的堆满在天空，风儿到海滨歇凉去了，让镜梅君闷热的躺着。在平时，他瞧着床上拖踏的情形，就爱"尺啊，布啊，总欢喜乱丢！"的烦着，但这晚他在外浪费回来，忏悔和那望洋兴叹的家用的恐慌同时拥入他的脑门，恰巧培培又叽嘈的陪着他丧气，于是他那急待暴发的无名火找着了出路啦，眉头特别的绷起，牙齿咬着下唇，痧眼比荔枝还大的睁着，活像一座门神，在床上挺了一阵，就愤愤的爬起来嚷："是时候啦，小东西，得给他吃啊！"

照例，晚上九点钟时，培培吃了粥才睡。这时夫人闻声，端了粥来，抱起培培。培培在母亲怀里吃粥，小嘴一开一闭，舌头顶着唇边，像只小鲫鱼的嘴。镜梅君看得有趣，无名火又熄灭了，时时在他的脸上拨几下，在屁股上敲几下，表示对孩子的一点爱。粥里的糖似乎不够，培培无意多吃，口含着粥歌唱，有时喷出来，头几摇几摆，污了自己的脸，污了衣服，夫人不过"嗯，宝宝，用心吃！"的催着，羹匙高高的举起来等，可是镜梅君又恼起来啦，他觉着那是"养不教父之过"，不忍坐视的将培培夺过来，挟着他的头一瓢一瓢的灌。培培也知道一点怕，痴痴的瞧着镜梅君那睁大的眼和皱着的眉，将粥一口一口的咽，吃完了，镜梅君将他放在席子上。

培培肚子饱了，就忘记一切，攀着床的栏杆跳跃着站起来，小眼睛笑迷迷的，舌儿撑着下巴颚开开的，口涎直往胸部淌，快乐充满宇宙的尖脆的叫声在小喉里婉转，镜梅君的威严的仪表又暂时放弃了，搂起他在怀里紧紧的，吻遍了他的头颈，只少将这小生物吞下去，毛深皮厚的手又在他那柔嫩的股上拍。培培虽则感着这是一种处罚似的不舒畅，但究竟是阿爹的好意，镜梅君也很自慰，即刻就想得到报酬似的命令着："嗨，爹，爹，爹！培培，叫我一声阿爹看。"培培不知道服从，只是张着口预备镜梅君来亲吻似的。颇久的抱着玩，培培可就任意撒尿了，小鸡鸡翘起来不辨方向的偏往镜梅君的身上淋，这是培培一时改不掉的大毛病，也可以说是一种过分的扰乱，而在镜梅君的脑中演绎起来，那可断定培培一生的行为与成就，于是他的面孔就不得不板起，牙齿从兜腮胡子里露出来："东西，你看，你看，迟不撒，早不撒，偏在这时撒在我身上，忤逆胚！"他骂着，手不拘轻重的拍培培。培培起首惊愕的瞧着他，即刻扁着嘴，头向着他妈哭。但这怎么能哭？"你哭，你哭，我敲死你，讨厌的东西！"镜梅君更加严厉了，培培越哭他越使力打！打完了，扔在席上。培培，年纪十个月大的男孩，美观的轮廓，为着营养不足而瘦损，黯黄的脸，表现出血液里隐藏着遗传下来的毒质，容颜虽不丰润，倒还天真伶俐。他常为着饿，屁股脏，坐倦了就"嗯——嗳——"的哭，但必得再睡了一觉醒才得满足他的需求，因此，他妈非常可怜他。"他懂什么，你没轻没重的打他？你索兴打死他啦！也没看见这样不把孩子当人的！"培培遭了打，夫人看得很心痛，等到自己抱着培培在怀里，才敢竖着眉毛向着丈夫咒。

"不抱走，你看我不打他个臭死！讨厌的东西！"镜梅君本懒于再打，但语气里却不肯收敛那无上的威严。

"讨厌！？你不高兴时，他就讨厌；你高兴时，他就好玩，他是给你开玩笑的吗？"

"不是啊！他撒湿我的衣服，还不讨厌，还不该打！"

"干吗要给你打，我养的？"

"不怕丑！"

夫妻俩常为孩子吵，但不曾决裂过，其原因是镜梅君担负家庭间大半经济的责任，他常觉自己是负重拉车的牛马，想借故吵着好脱离羁绊，好自个儿在外面任情享乐，幸而他的夫人会见风转舵，每每很审慎的闹到适可而止，因而夫妻的感情始终维系着，镜梅君也就暂时容忍下去。那时，他觉着过于胜利，静默了一会，又觉着夫人的责备不为无理，同时便心平气和的感到有一种文明人的高玄的理想不能不发表出来似的，因为文明人的智识和态度不能落后于妇女们，见笑于妇女们的。于是他用半忏悔半怀疑的语气说：

"不知怎样，我心里不快乐时，就爱在孩子身上出气；其实我也想知道尊重孩子的地位，知道哭是满足他的欲求的工具，爱吵爱闹是他天赋的本能。他的一切是自然的，真实的，我也想细心观察他，领导他，用新颖而合理的教育方法陶冶他，使他的本能顺遂的在多方面健全的发展，但我不知如何，一听见他哭，或看见他撒屎撒尿撒了满地，就不高兴！"

"是呀，你就爱这样，我知道是你肝火太盛的缘故，明天上医院去看看吧，老是吵着也不是事。"

好，孩子被毒打了一顿，已归罪于肝火，一切便照旧安静。培培瞌睡来了，他妈将他安置在床上，自己也在旁边睡了，镜梅君也一个人占一头，睡了。

不管天气闷热不，到了晚上，在培培便是凄惨黯淡的晚上。蚊子臭虫在大人的身上吮吸点血液，他们不觉着痛痒，即令觉着了，身体一转，手一拍，那蓬饱的小生物，可就放弃了它们的分外之财，陈尸在大的肉体之下；但它们遇着培培呢，自己任意吃饱了还雍容儒雅的踱着，叫它们的伙伴来。培培不敢奈何它们，只知道哭，在床上滚，给全床以重大的扰乱，而镜梅君之陶冶他，处理他，也就莫过于这时来得妥当，公道，严肃而最合新颖的教育原理！

五尺宽的床本不算很窄，但镜梅君爱两脚摊开成个太字形的躺着，好像非如此，腋下胯下的一弯一角的秽气无由发挥，而疲劳也无由恢复似的。那时培培睡得很安静，连镜梅君的闲毛都没冒犯过，镜梅君得恬静的躺着，于是悠然神往的忆起白天的事，众流所归的脑海忽然浮起一支"白板"来。那是C家麻雀席上的下手放出的。当时，他如中了香槟票的头彩一般，忙将自己手里的"中风""白板"对倒的四番牌摊开，战栗恐惧的心得到无穷的快慰，可是正等着收钱进来，对门也将一支"白板"晾出来，自己的"四番"给他的"念八和"截住了。那次是他的末庄，捞本的机会错过了，一元一张的五张钞票进了别人的袋，于是他血液沸腾的愤懑的睁着眼睛瞧着对门。他回忆到这里，不觉怒气磅礴的。这时候，培培不知天高地厚的像一条蚯蚓样在他的脚边蠕动了，"嗯——嗳——"的声浪破静寂而传入他的耳膜，愤懑的情绪里搀入了厌恶，于是所有的怨毒都集中在这小蚯蚓的身上，直等床上不再有什么扰乱，于是，"蚯蚓""对门"随着那支"白板"漂漂荡荡的在脑海里渺茫了，继之而起的是一阵漾动着的满含春意的微波。

那微波也是 C 家麻雀席上起的：一位年轻的寡妇是他的上手，她那伶俐的眼睛时时溜着他，柔嫩的手趁着机会爱在他的手上碰，那似是有意，在她的枯燥生活中应该是有意。他的手好像附在她的手下蚁行前进着，到腋下，到胸膛，由两峰之间一直下去。想到了玄妙的地方，他便俯着身体想寻求满足，在没得到满足时，那怕半颗灰尘侮辱了他，也足够惹起他那把肝火的，漫说那末大的培培在他的脚边有扰乱的行为。

那时，夫人被挤在一边倒是静静的，可是培培竟又昏天黑地莽撞起来，左翻右滚，在床角俨然是个小霸王，但这是小丑跳梁，在镜梅君的领域里是不作兴的。起首，镜梅君忍着性子，临崖勒马似的收住脚力，只将培培轻轻的踹开，诚虔的约束起自己那纷乱的心，将出了轨的火车一般的思潮，猛力一挟，挟上正轨，然后照旧前进着；可是不久培培仍是毫无忌惮的滚，他可就加力的踹着，开始烦起来啦："讨厌的东西，闹得人家觉都不能睡！"

"好，又起了波浪啦，我真害怕！"夫人恐惧的说，连忙唱着睡歌想稳住培培，但培培受了镜梅君的踢，更加叽嘈了。

"我不是爱起波浪，我的肝火又在冒啦，我告你！家里叽叽嘈嘈，就容易惹起我的肝火，我真是不希望有家庭，家庭于我有什么？"镜梅君已经仰转身体睡，想寻求满足的目的地已给夫人和孩子扰乱得满目荒凉了！"你总爱说这种话，我知道你早有了这付心肠，你要如何就如何吧，我不敢和你说话，反正我是天生成的命苦！"

"来啦，鬼来啦，来了这末一大串！哼，晚上吵得这样安不了生，就只想压住我不说话，我早有了这付心肠！就有了你要怎么样？这小畜生……"镜梅君手指着培培，一条小蚯蚓，"你瞧，一个月总得花八九块钱的代乳粉，吃得饱饱的还要闹，屎尿撒得满屋臭熏熏的，光是娘姨服侍他还不够！"

"唉，那家没有孩子，那个孩子不这样，像他还是顶乖的，你怪三怪四的埋怨干什么？""我埋怨，我埋怨我自己当初不该……"这时培培又在镜梅君的脚边滚，他不由得使劲的踹着说，"喏，你瞧，这家伙还在我脚边讨厌，他好像爱在人家肝火盛的时候故意来呕人，九点吃的粥，滚到现在……"说着他坐起，在培培的腿上捏了两把，又继续的嚷，"你寻死吗，老是滚来滚去的。"培培不但不静止，反而"哇"的哭起来，镜梅君的肝火的势焰也随着冲到了极地。"你哭，你哭，我打死你，小畜生，闹得人家觉都不能睡，我花钱受罪，我为的什么，我杀了你，可恶的小杂种！"他口里一句一句的数，巴掌一记一记的在培培的脸上股上拍。夫人起首忍着，渐渐心痛起来了：

"唉，他连苍蝇站在脸上都得哭一阵，蚊子臭虫想咬他还找他不着呢，这么大的孩子，那能受得起这样粗重的手脚踢啊，打啊！欺侮孩子罪过的！"

"放屁，放屁，我不懂得这些！谁讨厌，我就得解决谁！女人，我知道很清楚，很会瞎着眼睛去爱孩子，宠得他将来打自己的耳巴，除此之外就会吃醋争风，吃喝打扮，有的是闲工夫去寻缝眼跟丈夫吵嘴。你当然不是这种人，受过教育的，我知道，但是，你还是收起你的那张嘴巴强。"镜梅君压服了夫人，便专心来对付培培："这杂种，他什么地方值得爱？像这打不怕的畜生，将来准是冥顽的强盗，我说的错不错，到那时候你会知道。现在我得赶早收拾他，你瞧，他还往我这边滚！"镜梅君想使孩子的罪恶有彰明的证据，颤着手指给夫人看，顺势将那只手纷纷的打培培。"轻轻的打你几下就送了你的终吗？你这该杀的，我就杀了你也并不过分啊！"

培培只是拚命的哭，夫人闷着一肚子的气，本想不睬不理，但她抑制不住母亲对孩子的慈悲，终于伸出手去抱，但她的手给镜梅君的拦回了。

"不行，不行，我不能让谁抱起他！我要看他有多末会哭，会滚！我知道他是要借着吵闹为消遣，为娱乐；我也要借着打人消遣消遣看，娱乐娱乐看。"镜梅君阻住了夫人又向着培培骂："你这世间罕有的小畜生，你强硬得过我才是真本事！你哭，你滚，你索兴哭个痛快，滚个痛快吧！妈妈的，我没有你算什么，我怕乳粉没人吃，我怕一人安静的睡得起不了床！"他很气愤，认真的动起武来了，打得培培的脸上屁股上鲜红的，热热的，哇一声，隔了半天又哇一声。夫人坐在旁边没办法，狠心的溜下床，躲开了。她不忍目睹这凄惨的情景，一屁股坐在邻室的马桶盖上，两手撑着无力的头，有一声没一声的自怨着："唉，为什么要养下孩子来，我？——培培，你错投了胎啦，你能怪我吗？——这种日子我怎么能过得去，像今晚这日子——我早知道不是好兆头，耗子会白天跑到我的鞋上的，唉！"

这种断续的凄楚的语音，在镜梅君的拍打声中，在培培的嚎叫声中，隐约的随着夜的延续而微细，而寂然。培培愈哭愈招打，愈打愈哭；打一阵哭一阵之后，他竟自翻身爬起来，身体左右转动，睁开泪眼瞭望着，希冀他妈来救援，但他妈不知去向了，在他前面的只有镜梅君那幅阎罗似的凶脸，在惨淡的灯光之下愈显得吓人，黯灰的斗室中，除泰然的时钟"踢踏"的警告着夜是很深了而外，只有他这绝望的孤儿坐以待毙的枯对着夜叉，周围似是一片渺茫的黄沙千里的戈壁，耳鼻所接触的似是怒嚎的杀气与腥风。于是，人世的残酷与生命的凄凉好像也会一齐汇上他那小小的心灵上，他伏在席上本能的叫出一声不很圆熟的，平常很难听到的"姆妈"来，抬头望了一下又伏着哭，等再抬头看他妈来了不的时候，眼前别无所有，只镜梅君的手高高的临在他的额前，一刹那就要落下。他呆木的将眼睛死死的钉住那只手，又向旁边闪烁着，似乎要遁逃，但他是走不动的孩子，不能遁逃，只得将万种的哀愁与生平未曾经历过的恐惧，一齐堆上小小的眉头，终于屈服的将哭声吞咽下去。微细的抽噎着；惨白而瘦削的脸上的泪流和发源于蓬蓬的细长的头发里的热汗汇合成一条巨大的川流，晃晃的映出那贼亮贼亮的灯光的返照，他像是个小小的僵尸，又像是个悲哀之神，痉挛似的小腿在席上无意义的伸缩，抖战的小手平平的举起，深深的表现出他的孤苦与还待提抱的怯弱来。

人穷了喊天，病倒了喊妈，这是自然的，培培喊"姆妈"算得什么，然而在这时的镜梅君的心上竟是一针一针的刺着一样。他蓦然觉着刚才的举动不像是人类的行为；用这种武力施之于婴儿，也像不是一个英雄的事业，而且那和文明人的言论相去太远，于是他的勇气销沉了，心上好像压了一块冰。他感到自己也是爹妈生的。爹虽活着，但那是在受磨折，勉强的度着残年，和自己年年月月给迢迢万里的河山阻隔着，连见一面也难。许多兄弟中，他独为爹所重视，他虽则对爹如路人一般，但爹容忍的过着愁苦日子，毫无怨言，至今还满身负着他读书时所欠的巨债；岂仅无怨言，还逢人饰词遮掩儿子的薄情，免避乡人的物议，说："这衣服是镜梅寄回的。这玳瑁边眼镜值三四十元，也是镜梅寄回的。"妈呢，辛苦的日子过足了，两手一撒，长

57

眠在泥土里，连音容都不能记忆。她曾在危险的麻豆症中将他救起，从屎尿堆里将他抚养大，而他在外面连半个小钱都没寄给她缝补缝补破旧的衣服，逢年过节也不寄信安慰安慰她倚间念子的凄愁，于今感恩图报，可还来得及？爹妈从来不曾以他对付培培的手段对付他过，将来培培对他又应怎样？培培的将来虽不能说，或许也如他对爹妈一样，应遭天谴，但他对于仅十个月大的培培，那有像爹妈对他那末的深恩厚德！何况这么小的培培还吃不住这种苦啊！反复的推敲，他的眼泪几乎潮涌上来，立即将培培抱起，轻轻的拍着在室内踱着，凶残的硬块似已溶解于慈祥的浓液中了，但偶然听见一声啼哭时，他觉着又是一种扰乱来了，那又是一种该处罚的忤逆行为，慈祥的脸子骤然变了，不肯轻易放弃的威严又罩下来，口里又是："还哭啊，还哭啊，我打你！"的威吓着。他好像不这样便示了弱，失了自己的身份似的。

培培在他的怀里缩做一团的低声抽噎，经过许久也就打起瞌盹来了。夫人悲哀得够了，也就上床睡了，于是镜梅君将培培放在夫人的身边，自己也尽兴的躺着，随着肝火的余烬，悠悠的入梦，更深夜静，只有培培在梦中断断续续的抽噎的声音。

第二天，清早，第一个醒的是培培。他那肉包子似的小拳在自己的脸上乱擂了一阵，头左右摇几下，打了一个呵欠，小眼睛便晶明透亮的张开了。他静静的看看天花板，看看窗上的白光，渐渐的，小腿儿伸了几伸，小手在空中晃了几晃，便又天真烂漫的跟窗外的小鸟儿一样，婉转他的歌喉，散播着乐音如快乐之神一般的，昨宵的恐惧与创伤便全然忘却了，他眼中的宇宙依然是充满着欢愉，他依然未失他固有的一切！

第二个醒的是夫人，她也忘了一切，高兴的逗着培培玩，格支格支的用手轻轻的抓着他的腰胁，有时抱着他狂吻。培培发出婴儿的尖脆的笑声，非常好听！最后醒的是镜梅君。他是给大门外的粪车声惊醒的，他当那是天雷。那雷是从昨宵那满堆着乌云的天空中打出的。但他张着眼睛向窗边一闪，射入他的眼帘的不是闪电，却是灿烂的晨光，那光照出他的羞惭的痕迹，于是他怯生的将眼门重新关了，用耳朵去探听；培培的笑声，夫人的打趣声，一阵一阵传送进来，室内盈溢着母子自由自在的在乐着的欢怀。镜梅君觉着那又是故意呕他享受不到那种天伦之乐，心中起了些恼愤，但同时又反衬出其所以致此之由，全然是自己的罪恶，情绪完全陷入懊悔的漩涡里，不好意思抬头望夫人，更难为情看那天真烂漫的孩子；但又不能长此怯羞下去，于是念头一转，重要的感觉却又是：犯不上对属于自己统治之下的妻儿作过分踽踽的丑态；犯不上在妇孺之前露出文明人的弱点来。他只得大胆的将眼门开了，故意大模大样的咳嗽着，抬头唾出一泡浓痰，望了培培几眼，又嬉皮笑脸的逗他玩："Hello, Ba-by! Sorry, Sorry!"

"不要脸的！"夫人斜着眼，竖着眉头，啐了他一口。培培听了奇怪的喊声，旋转头来向镜梅君愕眙的瞧了一眼，他认识了那是谁，便脸色灰败的急往他妈的怀里爬！

一九二七，八，一九，三次改作。

（原载一九二七年九月《民铎杂志》九卷一期）

11. 乞丐

● 朱自清

"外国也有乞丐"，是的；但他们的丐道或丐术不大一样。近些年在上海常见的，马路旁水门汀上用粉笔写着一大堆困难情形，求人帮助，粉笔字一边就坐着那写字的人，——北平也见过这种乞丐，但路旁没有水门汀，便只能写在纸上或布上——却和外国乞丐相像；这办法不知是"来路货"呢，还是"此心同，此理同"呢？

伦敦乞丐在路旁画画的多，写字的却少。只在特拉伐加方场附近见过一个长须老者（外国长须的不多），在水门汀上端坐着，面前几行潦草的白粉字。说自己是大学出身，现在一寒至此，大学又有何用，这几句牢骚话似乎颇打动了一些来来往往的人，加上老者那炯炯的双眼，不露半星儿可怜相，也教人有点肃然。他右首放着一只小提箱，打开了，预备人望里扔钱。那地方本是四通八达的闹市，扔钱的果然不少。箱子内外都撒的铜子儿（便士）；别的乞丐却似乎没有这么好的运气。

画画的大半用各色粉笔，也有用颜料的。见到的有三种花样。或双钩 ToLive（求生）二字，每一个字母约一英尺见方，在双钩的轮廓里精细地作画。字母整齐匀净，通体一笔不苟。或双钩 GookLuck（好运）二字，也有只用 Luck（运气）一字的。——"求生"是自道；"好运""运气"是为过客颂祷之辞。或画着四五方风景，每方大小也在一英尺左右。通常画者坐在画的一头，那一头将他那旧帽子翻过来放着，铜子儿就扔在里面。

这些画丐有些在艺术学校受过正式训练，有些平日爱画两笔，算是"玩艺儿"。到没了落儿，便只好在水门汀上动起手来了。一九三二年五月十日，这些人还来了一回展览会。那天晚报（The-EveningNews）上选印了几幅，有两幅是彩绣的。绣的人诨名"牛津街开特尔老大"，拳乱时做水手，来过中国，他还记得那时情形。这两幅画绣在帆布（画布）上，每幅下了八万针。他绣过英王爱德华像，据说颇为当今王后所赏识；那是他生平最得意的时候。现在却只在牛津街上浪荡着。

晚报上还记着一个人。他在杂戏馆（Halls）干过三十五年，名字常大书在海报上。三年前还领了一个杂戏班子游行各处，他扮演主要的角色。英伦三岛的城市都到过；大陆上到过百来处，美国也到过十来处。也认识贾波林。可是时运不济，"老伦敦"却没一个子儿。他想起从前朋友们说过静物写生多么有意思，自己也曾学着玩儿；到了此时，说不得只好凭着这点"玩艺儿"在泰晤士河长堤上混混了。但是他怕认得他的人太多，老是背向着路中，用大帽檐遮了脸儿。他说在水门汀上作画颇不容易；最怕下雨，几分钟的雨也许毁了整天的工作。他说总想有朝一日再到戏台上去。

画丐外有乐丐。牛津街见过一个，开着话匣子，似乎是坐在三轮自行车上；记得颇有些堂哉皇也的神气。复活节星期五在冷街中却见过一群，似乎一人推着风琴，一人按着，一人高唱《颂圣歌》——那推琴的也和着。这群人样子却就狼狈了。据说话匣子等等都是赁来；他们大概总有得赚的。另一条冷街上见过一个男的带着两个女的，穿著得像刚从垃圾堆里出来似的。一个女的还抹着胭脂，简直是一块块红土！男的奏乐，女的乱七八糟的跳舞，在刚下完雨泥滑滑的马路上。这种女乞丐像很少。又见过一个拉小提琴的人，似乎很年轻，很文雅，向着步道上的过客站着。右手本来抱着个小猴儿；拉琴时先把它抱在左肩头蹲着。拉了没几弓子，猴儿尿了；他只若无其事，让衣服上淋淋漓漓的。

牛津街上还见过一个，那真狼狈不堪。他大概赁话匣子等等的力量都没有；只找了块板儿，三四尺长，五六寸宽，上面安上条弦子，用只玻璃水杯将弦子绷起来。把板儿放在街沿下，便蹲着，两只手穿梭般弹奏着。那是明灯初上的时候，步道上人川流不息；一双双脚从他身边匆匆的跨过去，看见他的似乎不多。街上汽车声脚步声谈话声混成一片，他那独弦的细声细气，怕也不容易让人听见。可是他还是埋着头弹他那一手。

几年前一个朋友还见过背诵迭更斯小说的。大家正在戏园门口排着班等买票；这个人在旁背起《块肉余生述》来，一边念，一边还做着。这该能够多找几个子儿，因为比那些话匣子等等该有趣些。

警察禁止空手空口的乞丐，乞丐便都得变做卖艺人。若是无艺可卖，手里也得拿点东西，如火柴皮鞋带之类。路角落里常有男人或女人拿着这类东西默默站着，脸上大都是黯淡的。其实卖艺，卖物，大半也是幌子；不过到底教人知道自尊些，不许不做事白讨钱。只有瞎子，可以白讨钱。他们站着或坐着；胸前有时挂一面纸牌子，写着"盲人"。又有一种人，在乞丐非乞丐之间。有一回找一家杂耍场不着，请教路角上一个老者。他殷勤领着走，一面说刚失业，没钱花，要我帮个忙儿。给了五个便士（约合中国三毛钱），算是酬劳，他还争呢。其实只有二三百步路罢了。跟着走，诉苦，白讨钱的，只遇着一次；那里街灯很暗，没有警察，路上人也少，我又是外国人，他所以厚了脸皮，放了胆子——他自然不是瞎子。

12. 房东太太

◉ 朱自清

歇卜士太太（Mrs.（Hibbs）没有来过中国，也并不怎样喜欢中国，可是我们看，她有中国那老味儿。她说人家笑她母女是维多利亚时代的人，那是老古板的意思；但她承认她们是的，她不在乎这个。

真的，圣诞节下午到了她那间黯淡的饭厅里，那家具，那人物，那谈话，都是古气盎然，不像在现代。这时候她还住在伦敦北郊芬乞来路（FinchleyRoad）。那是一条阔人家的路；可是她的房子已经抵押满期，经理人已经在她门口路边上立了一座木牌，标价招买，不过半年多还没人过问罢了。那座木牌，和篮球架子差不多大，只是低些；一走到门前，准看见。晚餐桌上，听见厨房里尖叫了一声，她忙去看了，回来说，火鸡烤枯了一点，可惜，二十二磅重，还是卖了几件家具买的呢。她可惜的是火鸡，倒不是家具；但我们一点没吃着那烤枯了的地方。

她爱说话，也会说话，一开口滔滔不绝；押房子，卖家具等等，都会告诉你。但是只高高兴兴地告诉你，至少也平平淡淡地告诉你，决不垂头丧气，决不唉声叹气。她说话是个趣味，我们听话也是个趣味（在她的话里，她死了的丈夫和儿子都是活的，她的一些住客也是活的）；所以后来虽然听了四个多月，倒并不觉得厌倦。有一回早餐时候，她说有一首诗，忘记是谁的，可以作她的墓铭，诗云：

> 这儿一个可怜的女人，
> 她在世永没有住过嘴。
> 上帝说她会复活，
> 我们希望她永不会。

其实我们倒是希望她会的。

道地的贤妻良母，她是；这里可以看见中国那老味儿。她原是个阔小姐，从小送到比利时受教育，学法文、学钢琴。钢琴大约还熟，法文可生疏了。她说街上如有法国人向她问话，她想起答话的时候，那人怕已经拐了弯儿了。结婚时得着她姑母一大笔遗产；靠着这笔遗产，她支持了这个家庭二十多年。歇卜士先生在剑桥大学毕业，一心想作诗人，成天住在云里雾里。他二十年只在家里待着，偶然教几个学生。他的诗送到剑桥的刊物上去，原稿却寄回了，附着一封客气的信。他又自己花钱印了一小本诗集，封面上注明，希望出版家采纳印行，但是并没有什么回响。太太常劝先生删诗行，譬如说，四行中可以删去三行罢；但是他不肯割爱，于是乎只好敝帚自珍了。

歇卜士先生却会说好几国话。大战后太太带了先生小姐，还有一个朋友去逛意大利；住旅馆雇船等等，全交给诗人的先生办，因为他会说意大利话。幸而没出错儿。临上火车，到了站台上，他却不见了。眼见车就要开了，太太这一急非同小可，又不会说给别人，只好教小姐去张看，却不许她远走。好容易先生钻出来了，从从容容的，原来他上"更衣室"来着。

太太最伤心她的儿子。他也是大学生，长的一表人才。大战时去从军；训练的时候偶然回家，非常爱惜那庄严的制服，从不教它有一个折儿。大战快完的时候，却来了恶消息，他尽了他的职务了。太太最伤心的是这个时候的这种消息，她在举世庆祝休战声中，迷迷糊糊过了好些日子。后来逛意大利，便是解闷儿去的。她那时甚至于该领的恤金，无心也不忍去领——等到限期已过，即使要领，可也不成了。

小姐现在是她唯一的亲人；她就为这个女孩子活着。早晨一块儿拾掇拾掇屋子，吃完了早饭，一块儿上街散步，回来便坐在饭厅里，说说话，看看通俗小说，就过了一天。晚上睡在一屋里。一星期也同出去看一两回电影。小姐大约有二十四五了，高个儿，总在五英尺十寸左右；蟹壳脸，露牙齿，脸上倒是和和气气的。爱笑，说话也天真得像个十二三岁小姑娘。先生死后，他的学生爱利斯（Ellis）很爱歇卜士太太，几次想和她结婚，她不肯。爱利斯是个传记家，有点小名气。那回诗人德拉梅在伦敦大学院讲文学的创造，曾经提到他的书。他很高兴，在歇卜士太太晚餐桌上特意说起这个。但是太太说他的书干燥无味，他送来，她们只翻了三五页就搁在一边儿了。她说最恨猫怕狗，连书上印的狗都怕，爱利斯却养着一大堆。她女儿最爱电影，爱利斯却瞧不起电影。她的不嫁，怎么穷也不嫁，一半为了女儿。

这房子招徕住客，远在歇卜士先生在世时候。那时只收一个人，每日供早晚两餐，连宿费每星期五镑钱，合八九十元，够贵的。广告登出了，第一个来的是日本人，他们答应下了。第二天又来了个西班牙人，却只好谢绝了。从此住这所房的总是日本人多；先生死了，住客多了，后来竟有"日本房"的名字。这些日本人有一两个在外边有女人，有一个还让女人骗了，他们都回来在饭桌上报告，太太也同情的听着。有一回，一个人忽然在饭桌上谈论自由恋爱，而且似乎是冲着小姐说的。这一来太太可动了气。饭后就告诉那个人，请他另外 找房住。这个人走了，可是日本人有个俱乐部，他大约在俱乐部里报告了些什么，以后日本人来住的便越过越少了。房间老是空着，太太的积蓄早完了；还只能在房子上打主意，这才抵押了出去。那时自然盼望赎回来，可是日子一天一天过去，情形并不见好。房子终于标卖，而且圣诞节后不久，便卖给一个犹太人了。她想着年头不景气，房子且没人要呢，那知犹太人到底有钱，竟要了去，经理人限期让房。快到期了，她直说来不及。经理人又向法院告诉，法院出传票教她去。她去了，女儿搀扶着；她从来没上过堂，法官说欠钱不让房，是要坐牢的。她又气又怕，几乎昏倒在堂上；结果只得答应了加紧找房。这种种也都是为了女儿，她可一点儿不悔。

她家里先后也住过一个意大利人，一个西班牙人，都和小姐做过爱；那西班牙人并且和小姐定过婚，后来不知怎样解了约。小姐倒还惦着他，说是"身架真好看！"太太却说，"那是个坏家伙！"后来似乎还有个"坏家伙"，那是太太搬到金树台的房子里才来住的。他是英国人，叫凯德，四十多了。先是作公司兜售员，沿门兜售电气扫除器为生。有一天撞到太太旧宅里去了，他要表演扫除器给太太看，太太拦住他，说不必，她没有钱；她正要卖一批家具，老卖不出去，烦着呢。凯德说可以介绍一家公司来买；那一晚太太很高兴，想着他定是个大学毕业生。没两天，果然介绍了一家公司，将家具买去了。他本来住在他姐姐家，却搬到太太家来了。他没有薪水，全靠兜售的佣金；而电气扫除器那东西价钱很大，不容易脱手。所以便干搁起来了。这个人只是个买卖人，不是大学毕业生。大约穷了不止一天，他有个太太，在法国给人家看孩子，没钱，接不回来；住在姐姐家，也因为穷，让人家给请出来了。搬到金树台来，起初整付了一回房饭钱，后来便零碎的半欠半付，后来索性付不出了。不但不付钱，有时连午饭也要叨光。如是者两个多月，太太只得将他赶了出去。回国后接着太太的信，才知道小姐却有点喜欢凯德这个"坏蛋"，大约还跟他来往着。太太最提心这件事，小姐是她的命，她的命决不能交在一个"坏蛋"手里。

小姐在芬乞来路时，教着一个日本太太英文。那时这位日本太太似乎非常关心歇卜士家住着的日本先生们，老是问这个问那个的；见了他们，也很亲热似的。歇卜士太太瞧着不大顺眼，她想着这女人有点儿轻狂。凯德的外甥女有一回来了，一个摩登少女。她照例将手绢挎在袜带子上，拿出来用时，让太太看在眼里。后来背地里议论道，"这多不雅相！"太太在小事情上是很敏锐的。有一晚那爱尔兰女仆端菜到饭厅，没有戴白帽沿儿。太太很不高兴，告诉我们，这个侮辱了主人，也侮辱了客人。但那女仆是个"社会主义"的贪婪的人，也许匆忙中没想起戴帽沿儿；压根儿她怕就觉得戴不戴都是无所谓的。记得那回这女仆带了男朋友到金树台来，是个失业的工人。当时刚搬了家，好些零碎事正得一个人。太太便让这工人帮帮忙，每天给点钱。这原是一举两得，各相情愿的。不料女仆却当面说太太揩了穷小子的油。太太听说，简直有点莫名其妙。

太太不上教堂去，可是迷信。她虽是新教徒，可是有一回丢了东西，却照人家传给的法子，在家点上一枝蜡，一条腿跪着，口诵安东尼圣名，说是这么着东西就出来了，拜圣者是旧教的花样，她却不管。每回作梦，早餐时总翻翻占梦书。她有三本占梦书；有时她笑自己，三本书说的都不一样，甚至还相反呢。喝碗茶，碗里的茶叶，她也爱看；看像什么字头，便知是姓什么的来了。她并不盼望访客，她是在盼望住客啊。到金树台时，前任房东太太介绍一位英国住客继续住下。但这位半老的住客却嫌客人太少，女客更少，又嫌饭桌上没有笑，没有笑话；只看歇卜士太太的独角戏，老母亲似的唠唠叨叨，总是那一套。他终于托故走了，搬到别处去了。我们不久也离开英国，房子于是乎空空的。去年接到歇卜士太太来信，她和女儿已经作了人家管家老妈了；"维多利亚时代"的上流妇人，这世界已经不是她的了。

13. 背影

◉ 朱自清

我与父亲不相见已二年余了，我最不能忘记的是他的背影。那年冬天，祖母死了，父亲的差使也交卸了，正是祸不单行的日子，我从北京到徐州，打算跟着父亲奔丧回家。到徐州见着父亲，看见满院狼藉的东西，又想起祖母，不禁簌簌地流下眼泪。父亲说，"事已如此，不必难过，好在天无绝人之路！"

回家变卖典质，父亲还了亏空；又借钱办了丧事。这些日子，家中光景很是惨淡，一半因为丧事，一半为了父亲赋闲。丧事完毕，父亲要到南京谋事，我也要回北京念书，我们便同行。

到南京时，有朋友约去游逛，勾留了一日；第二日上午便须渡江到浦口，下午上车北去。父亲因为事忙，本已说定不送我，叫旅馆里一个熟识的茶房陪我同去。他再三嘱咐茶房，甚是仔细。但他终于不放心，怕茶房不妥帖；颇踌躇了一会。其实我那年已二十岁，北京已来往过两三次，是没有什么要紧的了。他踌躇了一会，终于决定还是自己送我去。我再三劝他不必去；他只说，"不要紧，他们去不好！"

我们过了江，进了车站。我买票，他忙着照看行李。行李太多了，得向脚夫行些小费，才可过去。他便又忙着和他们讲价钱。我那时真是聪明过分，总觉他说话不大漂亮，非自己插嘴不可。但他终于讲定了价钱；就送我上车。他给我拣定了靠车门的一张椅子；我将他给我做的紫毛大衣铺好座位。他嘱我路上小心，夜里要警醒些，不要受凉。又嘱托茶房好好照应我。我心里暗笑他的迂；他们只认得钱，托他们直是白托！而且我这样大年纪的人，难道还不能料理自己么？唉，我现在想想，那时真是太聪明了！

我说道，"爸爸，你走吧。"他望车外看了看，说，"我买几个橘子去。你就在此地，不要走动。"我看那边月台的栅栏外有几个卖东西的等着顾客。走到那边月台，须穿过铁道，须跳下去又爬上去。父亲是一个胖子，走过去自然要费事些。我本来要去的，他不肯，只好让他去。我看见他戴着黑布小帽，穿着黑布大马褂，深青布棉袍，蹒跚地走到铁道边，慢慢探身下去，尚不大难。可是他穿过铁道，要爬上那边月台，就不容易了。他用两手攀着上面，两脚再向上缩；他肥胖的身子向左微倾，显出努力的样子。这时我看见他的背影，我的泪很快地流下来了。我赶紧拭干了泪，怕他看见，也怕别人看见。我再向外看时，他已抱了朱红的橘子往回走了。过铁道时，他先将橘子散放在地上，自己慢慢爬下，再抱起橘子走。到这边时，我赶紧去搀他。

他和我走到车上，将橘子一股脑儿放在我的皮大衣上。于是扑扑衣上的泥土，心里很轻松似的，过一会说，"我走了；到那边来信！"我望着他走出去。他走了几步，回过头看见我，说，"进去吧，里边没人。"等他的背影混入来来往往的人里，再找不着了，我便进来坐下，我的眼泪又来了。

近几年来，父亲和我都是东奔西走，家中光景是一日不如一日。他少年出外谋生，独力支持，做了许多大事。哪知老境却如此颓唐！他触目伤怀，自然情不能自已。情郁于中，自然要发之于外；家庭琐屑便往往触他之怒。他待我渐渐不同往日。但最近两年的不见，他终于忘却我的不好，只是惦记着我，惦记着我的儿子。我北来后，他写了一信给我，信中说道，"我身体平安，惟膀子疼痛利害，举箸提笔，诸多不便，大约大去之期不远矣。"我读到此处，在晶莹的泪光中，又看见那肥胖的，青布棉袍，黑布马褂的背影。唉！我不知何时再能与他相见！

14. 梅隐

● 石评梅

　　五年前冬天的一个黄昏，我和你联步徘徊于暮云苍茫的北河沿，拂着败柳，踏着枯叶，寻觅梅园。那时群英宴间，曾和你共沐着光明的余辉，静听些大英雄好男儿的伟论。昨天我由医院出来，绕道去孔德学校看朋友，北河沿败柳依然，梅园主人固然颠沛在东南当革命健儿，但是我们当时那些大英雄好男儿却有多半是流离漂泊，志气颓丧，事业无成呢！

谁也想不到五年后，我由烦杂的心境中，检寻出这样一段回忆，时间一天一天地飞掠，童年的兴趣，都在朝霞暮云中慢慢地消失，只剩有青年皎月是照了过去，又照现在，照着海外的你，也照着祖国的我。

今晨睡眼朦胧中，你廿六号的信递到我病榻上来了。拆开时，粉色的纸包掉下来，展开温香扑鼻，淡绿的水仙瓣上，传来了你一缕缕远道的爱意。梅隐！我欣喜中，含泪微笑轻轻吻着她，闭目凝思五年未见，海外漂泊的你。你真的决定明春归来吗？我应用什么表示我的

欢迎呢？别时同流的酸泪，归来化作了冷漠的微笑；别时清碧的心泉，归来变成了枯竭的沙滩；别时鲜艳的花蕾，归来是落花般迎风撕碎！何处重撷童年红花，何时重摄青春皎颜？挥泪向那太虚，嘘气望着碧空，朋友！什么都逝去了，只有生之轮默默地转着衰老，转着死亡而已。前几天皇姊由 Sumatra 来信，她对我上次劝她归国的意见有点容纳了，你明春可以绕道去接她回来，省的叫许多朋友都念着她的孤单。她说：

> 在我决志漂泊的长途，现在确乎感到疲倦，在一切异样的习惯情状下，我常想着中华；但是破碎河山，糜烂故乡，归来后又何忍重来凭吊，重来抚慰呢？我漂泊的途程中，有青山也有绿水，有明月也有晚霞，波妹！我不留恋这刹那寄驻的漂泊之异乡，也不留恋我童年嬉游的故国；何处也是漂泊，何时也是漂泊，管什么故国异地呢？除了死，哪里都不是我灵魂的故乡。

有时我看见你壮游的豪兴，也想远航重洋，将这一腔烦闷，投向海心，浮在天心；只是母亲系缚着我，她时时怕我由她怀抱中逸去，

又在我心头打了个紧结；因此，我不能离开她比现在还远一点。许多朋友，看不过我这颓丧，常写信来勉策我的前途，但是我总默默地不敢答复他们，因为他们厚望于我的，确是完全失望了。

近来更不幸了，病神常常用她的玉臂怀抱着我；为了病更使我对于宇宙的不满和怀疑坚信些。朋友！何曾仅仅是你，仅仅是我，谁也不是生命之网的漏鱼，病精神的或者不感受身体的痛苦，病身体的或者不感受精神的斧柯；我呢！精神上受了无形的腐蚀，身体上又受着迟缓而不能致命的痛苦。

你一定要问我到底为了什么？但是我怎样告诉你呢，我是没有为了什么的。

病中有一次见案头一盆红梅，零落得可怜，还有许多娇红的花瓣在枝上，我不忍再看她萎落尘土，遂乘她开时采下来，封了许多包，分寄给我的朋友，你也有一包，在这信前许接到了。玉薇在前天寄给我一首诗，谢我赠她的梅花，诗是：

> 话到飘零感苦辛，月明何处问前身？
> 甘将疏影酬知己，好把离魂吊故人；
> 玉碎香消春有恨，风流云散梦无尘，
> 多情且为留鸿爪，他日芸窗证旧因。

同时又接到天辛寄我的两张画片：一张是一片垂柳碧桃交萦的树林下，立着个绯衣女郎，她的左臂绊攀着杨柳枝，低着头望着满地的落花凝思。一张是个黯淡苍灰的背景，上边有几点疏散的小星，一个黑衣女郎伏在一个大理石的墓碑旁跪着，仰着头望着星光祈祷——你想她是谁？

梅隐！不知道那个是象征着我将来的命运？

你给我寄的书怎么还不寄来呢？揆哥给你有信吗？我们整整一年的隔绝了，想不到在圣诞节的前一天，他寄来一张卡片，上边写着：

愿圣诞节的仁风，吹散了人间的隔膜，

愿伯利恒的光亮，烛破了疑虑的悲哀。

其实，我和他何尝有悲哀，何尝有隔膜，所谓悲哀隔膜，都是环境众人造成的，在我们天真洁白的心版上，有什么值得起隔膜和悲哀的事。现在环境既建筑了隔膜的幕壁，何必求仁风吹散，环境既造成了悲哀，又何必硬求烛破？

只要年年圣诞节，有这个机会纪念着想到我们童年的友谊，那我们的友谊已是和天地永存了。揆哥总以为我不原谅他，其实我已替他想得极周到，而且深深了解他的；在这"隔膜""悲哀"之中，他才可寻觅着现在人间的幸福；而踢给人间幸福的固然是上帝；但帮助他寻求的，确是他以为不谅解他的波微。

我一生只是为了别人而生存，只要别人幸福，我是牺牲了自己也乐于去帮助旁人得到幸福的；过去是这样，现在也是这样，不过我也只是这样希望着，有时不但人们认为这是一种罪恶，而且是一种罪恶的玩弄呢！虽然我不辩，我又何须辩，水枯了鱼儿的死，自然都要陈列在眼前，现在何必望着深渊徘徊而疑虑呢！梅隐！我过去你是比较知道的，和揆哥隔绝是为了他的幸福，和梅影隔绝也是为了他的幸福……因为我这样命运不幸的人，对朋友最终的披肝沥胆，表明心迹的，大概只有含泪忍痛的隔绝吧？

母亲很念你，每次来信都问我你的近况。假如你有余暇时你可否寄一封信到山城，安慰安慰我的母亲，也可算是梅隐的母亲。我的病，医生说是肺管炎，要紧大概是不要紧，不过长此拖延，精神上觉着苦痛；这一星期又添上失眠，每夜银彩照着紫蓝绒毡时，我常觉腐尸般活着无味；但一经我抬起头望着母亲的像片时，神秘的系恋，又令我含泪无语。梅隐！我应该怎样，对于我的生，我的死？

15. 父亲的绳衣

● 石评梅

"荣枯事过都成梦，忧喜情忘便是禅。"人生本来一梦，在当时兴致勃然，未尝不感到香馥温暖，繁华清丽。至于一枕凄凉，万象皆空的时候，什么是值得喜欢的事情，什么是值得流泪的事情？我们是生在世界上的，只好安于这种生活方程，悄悄地让岁月飞逝过去。消磨着这生命的过程，明知是镜花般不过是一瞥的幻梦，但是我们的情感依然随着遭遇而变迁。为了天辛的死，令我觉悟了从前太认真人生的错误，同时忏悔我受了社会万恶的蒙蔽。死了的明显是天辛的躯壳，死了的惨淡潜隐便是我这颗心，他可诅咒我的残忍，但是我呢，也一样是啮残下的牺牲者呵！

我的生活是陷入矛盾的，天辛常想着只要他走了，我的腐蚀的痛苦即刻可以消逝。这是一个错误的观念，事实上矛盾痛苦是永不能免除的。现在我依然沉陷在这心情下，为了这样矛盾的危险，我的态度自然也变了，有时的行为常令人莫明其妙。

这种意思不仅父亲不了解，就连我自己何尝知道我最后一日的事实；就是近来倏起倏灭的心思，自己每感到奇特惊异。

清明那天我去庙里哭天辛，归途上我忽然想到与父亲和母亲结织一件绳衣。我心里想的太可怜了，可以告诉你们的就是我愿意在这样心情下，作点东西留个将来回忆的纪念。母亲他们穿上这件绳衣时，也可起到他们的女儿结织时的忧郁和伤心！这个悲剧闭幕后的空寂，留给人间的固然很多，这便算埋葬我心的坟墓，在那密织的一丝一缕之中，我已将母亲交付给我的那颗心还她了。

我对于自己造成的厄运绝不诅咒，但是母亲，你们也应当体谅我，当我无力扑到你怀里睡去的时候，你们也不要认为是缺憾吧！

当夜张着黑翼飞来的时候，我在这凄清的灯下坐着，案头放着一个银框，里面刊装着天辛的遗像，像的前面放着一个紫玉的花瓶，瓶里插着几枝玉簪，在花香迷漫中，我默默的低了头织衣；疲倦时我抬起头来望望天辛，心里的感想，我难以写出。深夜里风声掠过时，尘沙向窗上瑟瑟的扑来，凄凄切切似乎鬼在啜泣，似乎鸥鹚的翅儿在颤栗！我仍然低了头织着，一直到我伏在案上睡去之后。这样过了七夜，父亲的绳衣成功了。

父亲的信上这样说：

> ……明知道你的心情是如何的恶劣，你的事务又很冗繁，但是你偏在这时候，日夜为我结织这件绳衣，远道寄来，与你父防御春寒。你的意思我自然喜欢，但是想到儿一腔不可宣泄的苦衷时，我焉能不为汝凄然！……

读完这信令我惭愧，纵然我自己命运负我，但是父母并未负我；他们希望于我的，也正是我愿为了他们而努力的。父亲这微笑中的泪珠，真令我良心上受了莫大的责罚，我还有什么奢望呢！我愿暑假快来，我扎挣着这创伤的心神，扑向母亲怀里大哭！我廿年的心头埋没的秘密，在天辛死后，我已整个的跪献在父母座下了。我不忍那可怕的人间隔膜，能阻碍了我们天性的心之交流，使他们永远隐蔽着不知道他们的女儿——不认识他们的女儿。

在天辛死后，我已整个的跪献在父母座下了。我不忍那可怕的人间隔膜，能阻碍了我们天性的心之交流，使他们永远隐蔽着不知道他们的女儿——不认识他们的女儿。弄人间的心太狠毒了，但是我不能不忍再去捉弄素君，我忏悔着罪恶的时候，我又那能重履罪恶呢！天呵！让我隐没于山林中吧！让我独居于海滨吧！我不能再游于这扰攘的人寰了。

素君喜欢听我的诗歌，我愿从此搁笔不再做那些悲苦欲泣的哀调以引他的同情。素君喜欢读我过去记录，我愿从此不再提到往事前尘以动他的感慨。素君喜欢听我抚琴，我愿从此不再向他弹琴以乱他的心曲。素君喜欢我的行止丰韵，我愿此后不再见他以表示绝决。玲弟！我已走了，你们升天入地怕也觅不到我的踪迹，我是向远远地天之角地之涯独自漂流去了。不必虑到什么，也许不久就毁灭了这躯壳呢！那时我可以释去此生的罪戾，很清洁光明的去见上帝。

姑母的小套间内储存着一只大皮箱，上面有我的封条。我屋里中间桌上抽屉内有钥匙，请你开开，那里边就是我的一生，我一生的痕迹都在那里。你像看戏或者读小说一样检收我那些遗物，你不必难受。有些东西也不要让姑母表妹她们知道，我希望你能知道我了解我，我不愿使不了解不知道我的人妄加品评。那些东西都是分别束缚着。你不是快放暑假了吗？你在闲暇时不妨解开看看，你可以完全了解我这苦悲的境界和一切偶然的捉弄，一直逼我到我离开这世界。这些都是刺伤我的毒箭，上边都沾着我淋漓的血痕，和粉碎的心瓣。

唉！让我追忆一下吧！小时候，姑父说蕙儿太聪慧了，怕没有什么福气，她的神韵也太清峭了。父亲笑道：我不喜欢一个女孩儿生得笨蠢如牛，一窍不通。那时大家都笑了，我也笑了！如今才知道自己的命运，已早由姑父鉴定了；我很希望黄泉下的姑父能知道如今流落无归到处荆棘的蕙儿。而一援手指示她一条光明超脱的路境以自救并以救人哩！

不说闲话吧！你如觉这些东西可以给素君看时，不妨让他看看。他如果看完我那些日记和书信，他一定能了然他自己的命运，不是我过分的薄情，而是他自己的际遇使然了。这样可以减轻我许多罪恶，也可以表示我是怎样的一个女子，不然怕诅咒我的人连你们也要在内呢！如果素君对于我这次走不能谅解时，你还是不必让他再伤心看这些悲惨的遗物，最好你多寻点证据来证明我是怎样一个堕落无聊自努力的女子，叫他把我给他那点稀薄的印象完全毁灭掉才好，皮箱内有几件好玩具珍贵的东西，你最好替我分散给表妹妹们。但是素君，你千万不能把我的东西给他，你能原谅我这番心才对，我是完全想用一个消极的方法来毁灭了我在他的心境内的。

皮箱上边夹袋内有一个银行存款折子，我这里边的钱是留给母亲的一点礼物，你可以代收存着；过一两个月，你用我名义写一封信汇一些钱去给母亲，一直到款子完了再说，那时这世界也许已变过了。这件事比什么都重要，你一定要念我的可怜，念我的孤苦，念我母亲的遭遇，替我办到这很重要的事。另有一笔款子，那是特别给文哥修理坟墓用的。今年春天清明节我已重新给文哥种植了许多松树，我最后去时，已葱笼勃然大有生气，我是希望这一生的血泪来培植这几株树的，但是连这点微小的希望环境都不允许我呢！我走后，他墓头将永永远远的寂寞了，永永远远再看不见缟素衣裳的女郎来挥泪来献花了，将永永远远不能再到那湖滨那土丘看晚霞和春霭了。秋林枫叶，冬郊寒雪。芦苇花开，稻香弥漫时，只剩了孤寂无人凭吊的墓了，这也许是永永远远的寂寞泯灭吧！以后谁还知道这块黄土下埋着谁呢？更有谁想到我的下落，已和文哥隔离了千万里呢！

深山村居的老母，此后孤凄仃伶的生活，真不堪设想，暮年晚景伤心如此，这都是我重重不孝的女儿造成的，事已到此，夫复何言。黄泉深埋的文哥，此后异乡孤魂，谁来扫祭？这孤冢石碑，环墓朽树，谁来灌浇？也许没有几年就冢平碑倒，树枯骨暴呢！我也只好尽我的力量来保存他，因此又要劳你照拂一下，这笔款子就是预备给他修饰用的。玲弟！我不敢说我怎样对你好，但是我知道你是这世界上能够了解我，可怜我，同情我的一个人。这些麻烦的未了之件也只有你可以托付了。我用全生命来感谢你的盛意，玲弟！你允许我这最后的请求吗？

这世界上。事业我是无望了，什么事业我都做过，但什么都归失败了。这失败不是我的不努力而是环境的恶劣使然。名誉我也无望了。什么虚荣的名誉我都得到了，结果还是空虚的粉饰。而且牺牲了无数真诚的精神和宝贵的光阴去博那不值一晒的虚荣，如今，我还是依然故我，徒害得心身俱碎。我悔，悔我为了一时虚名博得终身的怨愤。有一个时期我也曾做过英雄梦，想轰轰烈烈，掀天踏海的闹一幕悲壮武剧。结果，我还未入梦，而多少英雄都在梦中死了，也有侥幸逃出了梦而惊醒的，原来也是一出趣剧，和我自己心里理想的事迹绝不是一件事，相去有万万里，而这万万里又是黑黯崎岖的险途，光明还是在九霄云外。

有时自己骗自己说：不要分析，不要深究，不要清楚，昏昏沉沉糊涂混日子吧！因此奔波匆忙，微笑着，敷衍着，玩弄面具，掉换枪花，当时未尝不觉圆满光彩。但是你一沉思凝想，才会感觉到灵魂上的尘土封锁创痕斑驳的痛苦，能令你鄙弃自己，痛悔所为，而想跃人苍海一洗这重重的污痕和尘土呢！这时候，怎样富贵荣华的物质供奉，那都不能安慰这灵魂高洁纯真的需要。这痛苦，深夜梦醒，独自沉思忏悔着时：玲弟！我不知应该怎样毁灭这世界和自己？

社会——我也大略认识了。人类——我也依稀会晤了。不幸的很，我都觉那些一律无讳言吧，罪恶，虚伪的窝薮和趣剧表演的舞台而已。虽然不少真诚忠实的朋友，可以令我感到人世的安慰和乐趣，但这些同情好意；也许有时一样同为罪恶，揭开面具还是侵夺霸占，自利自私而已。这世界上什么是值得我留恋的事，可以说如今都在毁灭之列了。

这样在人间世上，没有一样东西能系连着继续着我生命的活跃，我觉这是一件最痛苦的事。不过我还希望上帝能给我一小点自由能让我灵魂静静地蜷伏着，不要外界的闲杂来扰乱我；有这点自由我也许可以混下去，混下去和人类自然生存着，自然死亡着一样。这三年中的生活，我就是秉此心志延长下来的。我自己又幻想任一个心灵上的信仰寄托我的情趣，那就是文哥的墓地和他在天的灵魂，我想就这样百年如一日过去。谁会想到，偶然中又有素君来破坏捣乱我这残余的自由和生活，使我躲避到不能不离开母亲，和文哥而奔我渺茫不知栖止的前程。

都是在人间不可避免的，我想避免只好另觅道路了。但是那样乱哄哄内争外患的中国，什么地方能让我避免呢！回去山里伴母亲渡这残生，也是一个良策，但是我的家乡正在枪林弹雨下横扫着，我又怎能归去，绕道回去，这行路难一段，怕我就没有勇气再挣扎奋斗了，我只恨生在如此时代之中国，如此时代之社会，如此环境中之自我；除此外，我不能再说什么了。玲弟！这是蕙姊最后的申诉，也是我最后向人间忏悔的记录，你能用文学家的眼光鉴明时，这也许是偶然心灵的组合，人生皆假，何须认真，心情阴晴不定，人事变化难测，也许这只是一封信而已。

姑母前替我问好，告诉她我去南洋群岛一个华侨合资集办的电影公司，去做悲剧明星去了。素君问到时，也可以告诉他说蕙姊到上海后已和一个富翁结婚，现在正在西湖度蜜月呢。

16. 玉薇

● 石评梅

久已平静的心波，又被这阵风雨，吹皱了几圈纤细的银浪，觉着窒息重压的都是乡愁。谁能毅然决然用轻快的剪刀，挥断这自吐自缚的罗网呵！

昨天你曾倚着窗默望着街上往来的车马，有意无意地问我："波微！前些天你寄我那封信含蓄着什么意思？"我当时只笑了笑，你说了几声"神秘"就走了。今天我忽然想告你一切，大胆揭起这一角心幕给你看：只盼你不要讥笑，也不要惊奇。

在我未说到正文以前，先介绍你看一封信，这封信是节录地抄给你：

飞蛾扑火而杀身，青蚕作茧以自缚，此种现象，岂彼虫物之灵知不足以见及危害？要亦造物网罗有一定不可冲破之数耳。物在此网罗之中，人亦在此网罗之中，虽大力挣扎亦不能脱。君谓"人之所幸幸而希望者，亦即我惴惴然而走避者"，实告君，我数年前即为坚抱此趋向之一人，然而信念自信念，事实则自循其道路，绝不与之相伴；结果，我所讪笑为追求者固溺矣，即我走避者，人何曾逃此藩篱？

世界以有生命而存在，我在其狂涡呓梦之中，君亦在其狂涡呓梦之中；吾人虽有时认得狂涡呓梦，然所能者仅不过认识，实际命运则随此轮机之旋转，直至生命静寂而后已。

吾人自有其意志，然此意志，乃绝无权处置其命运，宰制之者乃一物的世界。人苟劝我以憬悟，勿以世为有可爱溺之者；我则愿举我之经验以相告，须知世界绝不许吾人自由信奉其意志也。我乃希望世人有超人，但却绝不信世上会有超人，世上只充满庸众。吾人虽或较认识宇宙；但终不脱此庸众之范围，又何必坚持违生命法则之独见，以与宇宙抗？

看完这封信，你不必追究内容是什么？相信我是已经承认了这些话是经验的事实的。

近来，大概只有两个月吧！忽然觉得我自己的兴趣改变了，经过许多的推测，我才敢断定我，原来在不知什么时候，我忽然爱恋着一个十七八岁的少女，她是我的学生。

这自然是一种束缚，我们为了名分地位的隔绝，我们的心情是愈压伏愈兴奋，愈冷淡愈热烈；直到如今我都是在心幕底潜隐着，神魂里系念着。她栖息的园林，就是我徘徊萦绕的意境，也就是命运安排好的囚笼。两月来我是这样沉默着抱了这颗迂回的心，求她的收容。在理我应该反抗，但我决不去反抗，纵然我有力毁碎，有一切的勇力去搏斗，我也不去那样做。假如这意境是个乐园，我愿作个幸福的主人，假如这意境是囚笼，我愿作那可怜的俘虏。

我确是感到一种意念的疲倦了。当桂花的黄金小瓣落满了雪白的桌布，四散着清澈的浓香，窗外横抹着半天红霞时；我每每沉思到她那冷静高洁的丰韵。朋友！我心是这样痴，当秋风吹着枯黄的落叶在地上旋舞，枝上的小鸟悼伤失去的绿荫时，我心凄酸的欲流下泪来；但这时偶然听见她一声笑语，我的神经像在荒沙绝漠寻见绿洲一样的欣慰！

我们中间的隔膜，像竹篱掩映着深密芬馥的花朵，像浮云遮蔽着幽静皎洁的月光，像坐在山崖上默望着灿烂的星辉，听深涧流水，疑惑是月娥环佩声似的那样令人神思而梦游。这都是她赐给我的，惟其是说不出，写不出的情境，才是人生的甜蜜，艺术的精深呢！

我们天天见面，然而我们都不说什么话，只彼此默默地望一望，尝试了这种神秘隐约的力的驱使，我可以告诉你，似在月下轻弹琵琶的少女般那样幽静，似深夜含枚急驱的战士般那样渺茫，似月下踏着红叶，轻叩寺门的老僧那样神远而深沉。但是除了我自己，绝莫有人相信我这毁情绝义的人，会为了她使我像星星火焰，烧遍了原野似的不可扑灭。

有一天下午，她轻轻推开门站在我的身后，低了头编织她手中的绒绳，一点都没有惊动我；我正在低头写我的日记，恰巧我正写着她的名字。她轻轻地叫了一声，我抬起头来从镜子里看见她，那时我的脸红了！半晌才说了一句不干紧要的话敷衍下去；坦白天真的她，何曾知道我这样局促可怜。

我只好保留着心中的神秘，不问它银涛雪浪怎样淹没我，相信那里准有个心在——那里准有个海在。

写到这里我上课去了。吃完饭娜君送来你的信，我钦佩你那超越世界系缚的孤渺心怀，更现出你是如何的高洁伟大，我是如何的沉恋渺小呵！最后你因为朋友病了，战争阻了你的归途，你万分诅恨和惆怅！诚然，因为人类才踏坏了晶洁神秘的原始大地，留下这疏散的鸿爪；因为人类才废墟变成宫殿，宫殿又变成丘陵；因为人类才竭血枯骨，攫去大部分的生命，装潢一部分的光荣。

我们只爱着这世界，并不愿把整个世界供我支配与践踏。我们也愿意戴上银盔，骑上骏马，驰骋于高爽的秋郊，马前有献花的村女，四周有致敬的农夫；但是何忍白玉杯里酌满了鲜血，旗麾下支满了枯骨呢？自然，我们永远是柔弱的女孩，不是勇武的英雄。

这几夜月儿皎莹，心情也异常平静。心幕上掩映着的是秋月，沙场，凝血，尸骸；要不然就是明灯绿帱下一个琴台上沉思的情影。玉薇！前者何悲壮，后者何清怨？

17. 我的父母之乡

● 冰 心

> 清晓的江头
> 白雾茫茫；
> 是江南天气，
> 雨儿来了——
> 我只知道有蔚蓝的海，
> 却原来还有碧绿的江，
> 这是我父母之乡！
>
> ——《繁星》

福建福州永远是我的故乡，虽然我不在那里生长，但它是我的父母之乡！

到今日为止，我这一生中只回去过两次。第一次是一九一一年，是在冬季。从严冷枯黄的北方归来，看到展现在我眼前的青山碧水，红花绿叶，使我惊讶而欢喜！我觉得我的生命的风帆，已从蔚蓝的海，驶进了碧绿的江。这天我们在闽江口从大船下到小船，驶到大桥头，来接我们的伯父堂兄们把我们包围了起来，他们用乡音和我的父母热烈地交谈。我的五岁的大弟弟悄悄地用山东话问我说："他们怎么都会说福州话？"因为从来在我们姐弟心里，福州话是最难懂难说的！

82

这以后的一年多的时间里，我们就过起了福州城市的生活。新年、元宵、端午、中秋……岁时节日，吃的玩的都是十分丰富而有趣。特别是灯节，那时我们家住在南后街，那里是灯市的街，元宵前后，"花市灯如昼"，灯影下人流潮涌，那光明绚丽的情景就说不尽了。

第二次回去，是在一九五六年，也是在冬季。那时还没有鹰厦铁路，我们人大代表团是从江西坐汽车进去的。一路上红土公路，道滑如拭，我还没有看见过土铺的公路，维修得这样平整的！这次我不但到了福州，还到了漳州、泉州、厦门、鼓浪屿……那是祖国的南疆了。在厦门前线，我还从望远镜里看见了金门岛上的行人和牛，看得很清楚……

回忆中的情景很多，在此就不一一描写了。总之，我很喜欢我的父母之乡。那边是南国风光，山是青的，水是绿的，小溪流更是清可见底！院里四季都有花开。水果是从枇杷、荔枝、龙眼，一直吃到福桔！对一个孩子来说，还有什么比这个更惬意的呢？

我在故乡走的地方不多，但古迹、侨乡，到处可见，福建华侨，遍于天下。我所到过的亚、非、欧、美各国都见到辛苦创业的福建侨民，握手之余，情溢言表。在他们家里、店里，吃着福州菜，喝着茉莉花茶，使我觉得作为一个福建人是四海都有家的。

我的父母之乡是可爱的。有人从故乡来，或是有朋友新近到福建去过，我都向他们问起福建的近况。他们说：福建比起二十多年前来，进步得不可辨认了。最近呢，农业科学化了，又在植树造林，山岭田地更加郁郁葱葱了。他们都动员我回去看看，我何尝不想呢？不但我想，在全世界的天涯海角，更不知有多少人在想！我愿和故乡的人，以及普天下的福建侨民，一同在精神和物质文明方面，把故乡建设得更美好！

1982 年 3 月 29 日

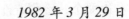

18. 我的父亲

◉ 冰 心

关于我的父亲，零零碎碎地我也写了不少了。我曾多次提到，他是在"威远"舰上，参加了中日甲午海战。但是许多朋友和读者都来信告诉我，说是他们读了近代史，"威远"舰并没有参加过海战。那时"威"字排行的战舰很多，一定是我听错了，我后悔当时我没有问到那艘战舰舰长的名字，否则也可以对得出来。但是父亲的确在某一艘以"威"字命名的兵舰上参加过甲午海战，有诗为证！

记得在 1914—1915 年之间，我在北京中剪子巷家里客厅的墙上，看到一张父亲的挚友张心如伯伯（父亲珍藏着一张"岁寒三友"的相片，这三友是父亲和一位张心如伯伯，一位萨幼洲伯伯。他们都是父亲的同学和同事。我不知道他们的大名，"心如"和"幼洲"都是他们的别号）贺父亲五十寿辰的七律二首。

其中第二首说的都是谢家的典故，没什么意思，但是最后两句，点出了父亲的年龄：想见阶前玉树芳，希逸有才工月赋，惠连入梦忆池塘，出为霖雨东山望。坐对棋枰别墅光，莫道假年方学易，平时诗礼已闻亢。

从第一首诗里看来，父亲所在的那艘兵舰是在大东沟"决战"的，而父亲是在威海卫泅水"逃生"的。

提到张心如伯伯，我还看到他给父亲的一封信，大概是父亲在烟台当海军学校校长的时期（父亲书房里有一个书橱，中间有两个抽屉，右边那个，珍藏着许多朋友的书信诗词，父亲从来不禁止我去翻看。）信中大意说父亲如今安下家来，生活安定了，母亲不会再有："会少离多"的怨言了，等等。中间有几句说："秋分白露，佳话十年，会心不远，当笑存之。"

我就去问父亲："这佳话十年，是什么佳话？"父亲和母亲都笑了，说：那时心如伯伯和父亲在同一艘兵舰上服役。海上生活是寂寞而单调，因此每逢有人接到家信，就大家去抢来看。当时的军官家属，会亲笔写信的不多，母亲的信总会引起父亲同伴的特别注意。有一次母亲信中提到"天气"的时候，引用了民间谚语："白露秋分夜，一夜冷一夜"，大家看了就哄笑着逗着父亲说："你的夫人想你了，这分明是" 鸳鸯瓦冷霜华重，翡翠衾寒谁与共" 的意思！"父亲也只好红着脸把信抢了回去。从张伯伯的这封信里也可以想见当年长期在海上服务的青年军官们互相嘲谑的活泼气氛。

就是从父亲的这个书橱的抽屉里，我还翻出萨镇冰老先生的一首七绝，题目仿佛是《黄河夜渡》：

> 夜过荥泽觉衣单
>
> 黄河桥上轻车渡
>
> 月照中流好共看

父亲盛赞这首诗的末一句，说是"有大臣风度"，这首诗大概是作于清末民初，萨老先生当海军副大臣的时候，正大臣是载洵贝勒。

一九八四年十一月五日清晨

19. 祖父和灯火管制

◉ 冰 心

一九一一年秋，我们从山东烟台回到福州老家去。在还乡的路上，母亲和父亲一再地嘱咐我，"回到福州住在大家庭里，不能再像野孩子似的了，一切都要小心。对长辈们不能没大没小的。祖父是一家之主，尤其要尊敬……"

到了福州，在大家庭里住了下来，我觉得我在归途中的担心是多余的。祖父、伯父母、叔父母和堂姐妹兄弟，都没有把我当作野孩子，大家也都很亲昵平等，并没有什么"规矩"。我还觉得我们这个大家庭是几个小家庭的很松散的组合。每个小家庭都是各住各的，各吃各的，各自有自己的亲戚和朋友，比如说，我们就各自有自己的"外婆家"！

就在这一年，也许是第二年吧，福州有了电灯公司。我们这所大房子里也安上电灯，这在福州也是一件新鲜事，我们这班孩子跟着安装的工人们满房子跑，非常地兴奋欢喜！我记得这电灯是从房顶上吊下来的，每间屋子都有一盏，厅堂上和客室里的是五十支光，卧房里的光小一些，厨房里的就更小了。我们这所大房子里至少也有五六十盏灯，第一夜亮起来时，真是灯火辉煌，我们孩子们都拍手欢呼！

但是总电门是安在祖父的屋里的。祖父起得很早也睡得很早，每晚九点钟就上床了。他上床之前，就把电闸关上，于是整个大家庭就是黑沉沉的一片！

我们刚回老家，父母亲和他们的兄弟妯娌都有许多别情要叙，我们一班弟兄姐妹，也在一起玩得正起劲，都很少在晚九点以前睡的。为了防备这骤然的黑暗，于是每晚在九点以前，每个小家庭都在一两间屋里，点上一盏捻得很暗的煤油灯。一到九点，电灯一下子都灭了，这几盏煤油灯便都捻亮了，大家相视而笑，又都在灯下谈笑玩耍。

只有在这个时候，我才体会到我们这个大家庭是一个整体，而祖父是一家之主！

一九八二年七月二十二日

20. 她走了

● 梁遇春

她走了，走出这古城，也许就这样子永远走出我的生命了。她本是我生命源泉的中心里的一朵小花，她的根总是种在我生命的深处，然而此后我也许再也见不到那隐有说不出的哀怨的脸容了。这也可说我的生命的大部分已经从我生命里消逝了。

两年前我的懦怯使我将这朵花从心上轻轻摘下，（世上一切残酷大胆的事情总是懦怯弄出来的，许多自杀的弱者，都是因为起先太顾惜生命了，生命果然是安稳地保存着，但是自己又不得不把它扔掉。弱者只怕失败，终免不了一个失败，天天兜着这个圈子，兜的回数愈多，也愈离不开这圈子了！）——两年前我的懦怯使我将这朵小花从心上摘下，花叶上沾着几滴我的心血，它的根当还在我心里，我就不天天从这折断处涌出，化成脓了。所以这两年来我的心里的贫血症是一年深一年了。今天这朵小花，上面还濡染着我的血，却要随着江水

——清流乎？浊流乎？天知道！——流去，我就这么无能为力地站在岸上，这么心里狂涌出鲜红的血。

"谁道人生无再少，门前流水尚能西"，但是我凄惨地相信西来的弱水绝不是东去的逝波。否则，我愿意立刻化作牛矢满面的石板在溪旁等候那万万年后的某一天。

她走之前，我向她扯了多少瞒天的大谎呀！但是我的鲜血都把它们染成为真实了。还没有涌上心头时是个谎话，一经心血的洗礼，却变做真实的真实了。我现在认为这是我心血惟一的用处。若使她知道个个谎都是从我心房里榨出，不像那信口开河的真话，她一定不让我这样不断地扯谎的。我将我生命的精华搜集在一起，全放在这些谎话里面，掷在她的脚旁，于是乎我现在剩下来的只是这堆渣滓，这个永远是渣滓的自己。我好比一根火柴，跟着她已经擦出一朵神奇的火花了，此后的岁月只消磨于躺在地板上做根腐朽的木屑罢了！人们践踏又何妨呢？"推枰犹恋全输局"，我已经把我的一生推在一旁了，而且丝毫也不留恋着。

她劝我此后还是少抽烟，少喝酒，早些睡觉，我听着我心里欢喜得正如破晓的枝头弄舌的黄雀，我不是高兴她这么挂念着我，那是用不着证明的，也是言语所不能证明的，我狂欢的理由是我看出她以为我生命还未全行枯萎，尚有留恋自己生命的可能，所以她进言的时期还没有完全过去；否则，她还用得着说这些话吗？我捧着这血迹模糊的心求上帝，希望她永久保留有这个幻觉。我此后不敢不多喝酒，多抽烟，迟些睡觉，表示我的生命力尚未全尽，还有心情来扮个颓丧者，因此使她的幻觉不全是个幻觉。虽然我也许不能再见她的倩影了，但是我却有些迷信，只怕她靠着直觉能够看到数千里外的我的生活情形。

她走之前，她老是默默地听我的忏情的话，她怎能说什么呢？我怎能不说呢？但是她的含意难伸的形容向我诉出这十几年来她辛酸的经验，悲哀已爬到她的眉梢同她的眼睛里去了，她还用得着言语吗？她那轻脆的笑声是她沉痛的心弦上弹出的绝调，她那欲泪的神情传尽人世间的苦痛，她使我凛然起敬，我觉得无限的惭愧，只好滤些清净的心血，凝成几句的谎言。天使般的你呀！我深深地明白你会原宥，我从你的原宥我得到我这个人唯一的价值。你对我说，"女子多半都是心地极偏狭的，顶不会容人的，我却是心最宽大的"，你这句自白做了我黑暗的心灵的闪光。

我真认识得你吗？真走到你心窝的隐处吗？我绝不这样自问着，我知道在我不敢讲的那个字的立场里，那个字就是惟一的认识。心心相契的人们那里用得着知道彼此的姓名和家世。

你走了，我生命的弦戛然一声全断了，你听见了没有？

写这篇东西时，开头是用"她"字，但是有几次总误写做"你"字，后来就任情地写"你"字了。仿佛这些话迟早免不了被你瞧见，命运的手支配着我的手来写这篇文字，我又有什么办法哩！

21. 杨七公公过年

● 叶　紫

一

稻草堆了一满船，大人、小孩子，简直没地方可以站脚。

杨七公公从船尾伸出了一颗头来，雪白的胡须，头发；失掉了光芒的，陷进去了的眼珠子；瘪了的嘴唇衬着朝天的下颚。要偶然不经心地看去，却很象一个倒竖在秧田里，拿来吓小雀子的粉白假人头。

他眯着眼珠子向四围打望着：不像寻什么东西，也不像看风景。

嘴巴里，含的不知道是什么话儿，刚好可以给他自己听得明白。随即，便用干枯了的手指，将雪白的胡须抓了两抓，低下了头来，像蛮不耐烦地说：

"为什么还不回来呢？"

"大约快来了吧！"

回话的，是七公公的媳妇，儿子福生的老婆。是一个忠实而又耐得勤劳的，善良的农妇。她一边说话，一边正是煮沸着玉蜀黍浆，准备给公公和孩子们做午饭。

"入他妈妈的！这家伙，说不定又去捣鬼去了啊！不回来，一定是舍不得离开这块！……老子……老子……。"

一想起儿子的不听话来，七公公总常欲生气。不管儿子平日是怎样地孝顺他，他总觉得，儿子有许多地方，的确是太那个，那个了一点的。不大肯守本份。懵懂起来，就什么话都不听了，一味乱闯，乱干。不听老人家的话，那是到底都不周全的哟！譬如说：就拿这一次不缴租的事情来讲吧！……

"到底不周全啊。……"他深深地叹了一口气。心思像乱麻似地老扯不清，去了一件又来一件。有很多，他本是可以不必要管的，可是，他很不放心那冒失鬼的儿子，似乎并非自己出来挡一下硬儿就什么都得弄坏似的。因此，杨七公公就常常在烦恼的圈子里面钻进钻出。儿子的不安本分，是最使他伤心的一件事情啊！

孙子们在狭小的中舱里面，哇啦哇啦叫着要东西吃。福生嫂急忙将玉蜀黍浆盛起来，分了两小碗给孩子，一大碗给了公公。

喝着，杨七公公又反复地把这话儿念了一回：

"不听老人家的话，到底都不周全啊！……"

远远地，福生从一条迂曲的小路上，一直向这边河岸走来。脚步是沉重的，像表现着一种内心的弹力。他的皮肤上，似乎敷上了一层黄黑色的釉油。眼睛是有着极敏锐的光辉，衬在一副中年人的庄重的脸膛上，格外地显得他是有着比任何农民都要倔强的性格。

几个月来的事业，像满抱着一片烟霞似的，使福生的希望完全落了空。田下的收成，一冬的粮食，凭空地要送给别人家里，得不到报酬，也没有一声多谢！

"为什么要这样呢？越是好的年成，越加要我们饿肚子！"

因此，福生在从自己要生活的一点上头，和很多人想出了一些比较倔强的办法："要吃饭，就顾不了什么老板和佃家的！……"可是，这事情刚刚还没有开始，就遭到了七公公的反对，一直像连珠炮似地放出了一大堆：

"命啊！命啊！……种田人啊！安份啊！……"

福生却没有听信他的吩咐，便不顾一切地同着许多人照自己的意思做了起来。结果，父子们伤了感情；事情为了少数人的不齐心，艰苦地延长到两三个月的时间，终于失败了。而且，还失去了好几个有力量的年轻角色！

"入他妈妈的！不听老子的话！……不听老子的话！……我老早就说了的！……"七公公就常拿这件事情来对儿子卖老资格。

现在呢？什么都完了，满腔地希望变成一版烟霞，立时消灭得干干净净。福生深深地痛恨那些到了要紧关头而不肯齐心的胆小鬼，真是太可恶的。没有一点办法，眼巴巴地望着老板把自己所收成下的东西，统统抢个干净。剩下来一些什么呢？满目荒凉的田野，不能够吃也不能够穿的稻草和麦茎。……

"怎么办呢，今年？"大家都楞着，想不出丝毫办法来。

"到上海去吧！我老早就这么对你们说过的，入他妈妈的，不听我的话！……"

七公公的主意老是要到上海去，上海给他的印象的确是太好了啊！

那一年遇了水灾，过后又是一年大旱，都是到上海去过冬的。同乡六根爷爷就听说在上海发了大财了。上海有着各式各样的谋生方法，比方说：就是讨铜板吧，凭他这几根雪白的头发，一天三两千是可以稳拿的！……

　　福生没有什么不同的主意，反正乡间已经不能再生活了。不过，这一次事情的没有结果，的确是使他感到伤心的。加以，上海是否能够维持一家人的生活，也还没有把握。他有些儿犹疑了；不，不是犹疑，他是想还在这失败了的局面中，用个什么方法儿，能够重新地掀起一层希望的波浪。这波浪，是可以卷回大家所损失的那些东西，而且还能够替大家把吃人的人们卷个干干净净！……

　　因此，他一面取下那四五年前的破板儿小船来，钉钉好，上了一点石灰油，浸在小河里。然后再把一年中辛辛苦苦的结果：一百十捆稻草都归纳起来，统统堆到小船上面。"到大地方去，总该可以卖得他几文钱的吧。"他想。另一方面呢，仍旧不能够甘心大家这次的失败；他暗中还到处奔跑，到处寻人，他无论如何都想能够再来一次，不管失败或者还能够得到多少成功。可是，大家都不能齐心了，不能跟他再来了，他感到异样的悲哀和失望！……

　　沿着小路跑回河边来，这是他最后的一次去找人，想方法活动。一直到没有一个人理会他了，他才明白：事情是再也没有转机了的。

　　"完了哟！"当他带着气愤的目光和沉重的脚步，跑回到自己的船边的时候，他差不多已经气昏了。杨七公公，老拿着那难堪的眼色瞧着他，意思好像在说：

　　"你不听我的话！到底如何呀！"

　　停了一会儿，他才真的开了口：

　　"你打算怎么办呢，明天？"

　　"明天开船！"

福生斩钉截铁地这样回答了。

二

从水道上离开这破碎的家乡的，不止杨七公公他们一伙。每到冬初秋尽的时候，就有千万只艒艒船像水鸭似的，载着全家大小向江南各地奔来，寻找他们一个冬天的生活，这，这差不多已经成为惯例了。

现在呢，时候已是隆冬，要走的，大半都走了。剩下来的，仅仅只是杨七公公他们这破碎了巨大的希望的一群。带着失望的悲哀，有的仍旧还架着那水鸭似的艒艒船，有的就重新的弄了几块破旧的板子，钉成一个小船儿模样。去哟！到那无尽宝藏的江南去哟！

一共本来是三十多个，快要到达吴淞口的时候，已经只剩下五六个比较坚牢的了。有的是沿着长江，在镇江、江阴等处停住着，找着个另外的可以过冬的工作。有的是流在半途被大江抛弃了，破了船，坏了行船的工具，到陆上去漂流去了。

福生的船，虽然也经过几次危险，总算还没有完全损坏，勉强地将他们一家五日渡到了这大都市的门前。七公公的老迈而又年轻的心，便像春天似地开放了：

"好哟！入他妈妈的，四五年来不曾到上海！"

五六条船拼命地摇着，像太阳那样大的希望，照耀在他们的面前。黄金啊，上海！遍地的黄金，穷人们的归宿啊！……

突然地，在吴淞镇口的左面：

"靠拢来！哪里去的草船！……"

"到上海去的！"大家都瞧见了：那边挂着一面水巡队检查处的旗帜。于是，便都轻轻地将船靠了拢来。

"妈的！又是江北猪猡！"

"带了什么好东西到上海去！……"

"逃难！没有什么东西哟，先生！"大家回答着。

　　每一个船上都给搜查了一阵，豪无所获的费了检查先生们好些时间。于是，先生们便都气愤了：

　　"打算怎么办呢？你们！……"五六只船都给扣下来了。

　　钱是没有的。东拼西凑，把每个船上的残余玉蜀黍统统搜刮下来，算是渡过了这第一层的关隘。

　　"唉！穷人哟！……"

　　只叹了一声气，便什么都没有讲了。每一个人都把希望摆在前头，拼命地向着那"遍地黄金"的地方摇去。

　　"你们到什么地方去呢？"七公公在白渡桥的岔口前向大家询问。

　　"浦东！"

　　"我们到曹家渡。"

　　"我到南市，高昌庙。你们呢，七公公？"

　　"我们么？日晖港啊！"

　　"日晖港，"这个地方是特别与杨七公公有缘的。以前，每一次到上海来，他都是在那儿讨生活。那里他还有好一些老留在上海过活着的同乡。徐家汇的乐善好施的老爷们，打浦桥的油条，大饼！……

　　穿过好些外国大洋船，一直转到日晖港的口上，又给水巡队的先生搜查了一回。玉蜀黍已经没有了，祇好拿了十多捆稻草下来，哀告着先生们，算是暂时地当做过关的手续费。

　　天色差不多近夜了，也再没有什么关口了，杨七公公便开始计划着：

　　"就停在这桥边吧，让我上去。小五子，六根爷爷，祇要找到他们一个，便可以有办法的，他们是老上海了哟！"

　　杨七公公上岸去了。福生夫妇都极端疲倦地躺了下来，等候着公公的回信。

　　深夜，七公公皱着眉头跑回船来：

"入妈妈的，一个也没有看见！"

"明天再说吧，爹爹。"福生对七公公安慰着。

第二天，七公公一老早就爬了起来。叫福生把船摇到打浦桥下，他头也不回地就跑上了岸去。福生吩咐老婆看住孩子们，自己也跟着上去了。

"早上，他们一定是在什么茶棚子里的。"七公公想。祇有三四年没有到过上海，上海简直就变了个模样。房子，马路，……真是大地方哟！

每一个露天小茶棚子里都给他探望过，没有！"是的，他们都发了财了哟！"七公公的心儿跳了起来："发了财的人怎么会坐小茶棚子呢？"

又继续地看了好一些茶棚子，当然是没有的。忽然，在一个用破船当做屋子的里面：——

"六根爷爷！你好呀？"

"谁呀！啊，杨七公公，你好呀！……几时来这块的？"

"今天呀，……"

六根爷爷的面容憔悴得很利害，看不出是发了大财的人。

穿的衣服破得像八卦，像秋天的云片。说话时，还现出非常骇异的样子：

"你们为什么也跑到上海来呢？"

"乡下没有饭吃了呀！"杨七公公感觉得非常不安，照光景看来，六根爷爷怕也还没有发什么大财的。杨七公公的希望，便像肥皂泡似的，看看就欲消灭了。

"我们还正准备回去呢！"六根爷爷说，"听说乡下今年的收成比什么年都好呀！

"好！"杨七公公像有一个锯子在锯他的喉咙，"入他妈妈的！越好越没得吃!"

"上海就有得吃么?……"

七公公没有做声了。他可不知怎样着才是好的。同儿子闹着要到上海来的是他;劝同乡们都到上海来,说上海平地可以拾到金子的也是他。现在呢?连老资格的六根爷爷也要说回乡下去,那真不知道是一回什么事情啊!

"上海不好了吗?……我,儿子,一家人都已经跑来了呀?……怎么办呢?"

六根爷爷沉默了一会儿:

"那么,你们的船在哪块呢?"

"在桥下。"

"我同你去看看"

七公公把六根爷爷引到了桥下,老远地,便看见了儿子同一个像警察模样的人在那块吵架。

"我们又没有犯法!……"

"不行的!猎猡!"拍!——儿子吃了一个耳光。

六根爷爷急忙拖着七公公跑过去。他一看,就知道是那么一回事情,六根爷爷连忙陪笑地说:"对不住,先生!他是初来的,不懂此地的规矩!……"

"不行的!这是上面的命令。六月以前就出过告示:这儿的河要填,不能停泊任何船只。……"

"这块不是有很多船吗?"福生不服地瞪着眼睛。

"不许你说话!"六根爷爷压制着福生。接着便陪着笑脸地对那位警察先生说:"他们初来,不懂规矩,先生!……不过,先生!一时候,怕,怕……啰!只要让他们把这些草卖了!嘻!先生,算我的,算我的!嘻!……"

警察先生把六根爷爷瞧了一眼，知道他是一个老人：

"依你！几时呢？"

"十天之内！先生。"

"好的！你自家有数目就拉倒。不过，十天，十天……就不能怪我的了！"

"不怪先生！嘻！……"

福生和七公公不知道是怎样一回事情，老向六根爷爷楞着。

六根爷爷：

"唉！总之，你们不该来！不该来！……"

接着，便讲了一些上海不比往年，不容易生活的大概情形给七公公听。并且替他们计划着：既然都来了，就没有办法的，应当拼命地想方法活！活！……

临了，他要福生和七公公不必过于着急。明天，他再来和他们作一个大的，怎样去生活的商量。……

杨七公公的希望仍旧没有完全死灭。他想着："上海这大的一个地方，是绝不致于没有办法的。"

三

听信了六根爷爷的吩咐，把稻草统统从船上搬下来，堆到那离港边十来丈远的一块空坪上。小船是不能浸在水里过冬的，并且还有好些地方坏了，漏水了。一家人，既没钱租房子住，又不能够马上找到生活，小船是无论如何不能抛弃的啊！

她在沿港的很多同乡人都是这样：船破了，就将它拖上岸边，暂时地当做屋子住着，只要是潮水浸不上来，总还可以避一避风雪的。福生便在这许多沿港的船屋子中间，寻了一块刚刚能够插进自家的小船的空隙地，费了很大的力气，把小船拖上了岸来。

怎样地过生活呢？一家人！

六根爷爷也皱着眉头，表示非常为难的样子。的确的，六根爷爷是六七年的老上海了，他仅仅只是一个人，尚且难于维持生活，何况一家拖着大小五六口，而且又是初到上海的呢？因此七公公就格外地着急。他像小孩子向大人要糖果似地朝着六根爷爷差一点儿哭了起来：

"难道就一点儿办法也没有了吗？"

六根爷爷昂着头，像想什么似地没有理会他。福生用稻草在补缀船篷顶上的漏洞处。孩子们，四喜子和小玲儿，躺在中船里，滚着破被条耍狮子儿玩，媳妇埋着头，在那里计算今天的晚上的粮食呢！……

七公公像失了魂，走进了云里雾里似的，心里简直没有了一点把握了。他想不到他经年渴慕着的满地黄金的上海，竟会这样地难于生活。梦儿全破碎了。要是年轻，他还可以帮着儿子想方法赚钱。或者是出卖他自己的气力；现在是老了，一切都力不从心了，眼巴巴地只能依靠着儿子来养活他。况且，这一次到上海来，又是他自己出的主意。……

大家都沉默着。福生补好了顶上的漏洞处，也走进来了，他瞧了瞧六根爷爷，又把爹望了一望，焦急地，一声不响地坐了下来。

停了一会儿，六根爷爷才开口说：

"福生！光急也是没得用的啊，明早我替你找找小五子看看，要是他能够替你找到一担菜箩的话，我再带你去设法赊几斤小菜来卖卖，也是好的。……七公公你也不必着急，只要福生卖小菜能够赚到一点钱，你也好去学着贩贩香瓜子。……大嫂子没事过桥去寻着巡捕老爷，学生子，补补衣袜，一天几十个铜板也是好捞的！……"

"那么谢谢六根爷爷！"七公公说，"明天就请你老带福生去找找小五子看！"

福生仍旧没有作声。他把六根爷爷送走之后，便横身倒在中舱里，瞪着眼珠子，望着篷子顶上那个刚刚补好的漏洞处出神："爹爹太老了！孩子们太小了！吃的穿的，……自己又找不到地方出卖气力！……"

一会儿，七公公又夹着叹了一声气：

"要是明朝找不到小五子，借不到菜箩，乖乖！不得了啊！……"

福生的力气大，挑得多，而且又跑得快，他每天卖小菜，竟能卖到三四千钱，除去血本，足足有一千钱好落，七公公便乐起来了。

他自己又用稻草编好了一个小篮儿。他告诉着福生，只要能够替他积上三百四百文钱，他可以独自儿去贩卖香瓜子，赚些钱儿来帮帮家用。只要天气不下雪，他的身体总还可以支持的。

福生没有什么异议。四五天之后，七公公便做起香瓜子生意来了。福生嫂原来也是非常能干的，每天招呼过丈夫和公公出去之后，便独自儿把船头船尾用篷子罩起来，带着四喜子，小玲儿，跑过打浦桥的北面，找着了些安南巡捕老爷，穷学生子，便替他们补补鞋袜，或者是破旧的衣裳。……

这样的一家的五口生活，便非常轻便地维持下来了，七公公是如何地安了心啊！

每天早晨，当太阳还没有露面的时候，七公公就跟着儿子爬了起来，提着满篮了香瓜子，欢天喜地的，向着人烟比较稠密的马路跑去。

"谁说的上海没有生路呢？"他骄傲地想，"一个人，只要安本分，无论跑到什么地方都是有办法的啊。这就是天，天啊！"

七公公的勇气，便一天比一天大将起来。他再也不相信世界上会有饿死人的地方了。他每天从大的马路穿到小的弄堂，又由小的弄堂穿到大的马路。只要可以避着巡捕的眼睛的地方，便快乐地，高声地叫着"卖香瓜子！"装着鬼验儿逗引着孩子似的欢笑，永远地像一尊和蔼的神抵似的。一直到瓜子卖完，夕阳西下，寒风削痛了他的肤骨，才像一匹老牛似地拖着两条疲倦的腿子，带着几颗给孩子们吃的橘子糖，跑将回来。同儿媳孙子们吃着粗糙的晚饭以后，一睡，便什么都不去想它了。

天气毕竟是加上了几重寒气，听说是快要到洋鬼子过年的日子了。小菜和香瓜子的生意都渐渐地紧张起来。福生和七公公也更加地小心着，小心那些贪婪的像毒蛇一般的巡捕和警察们的凶恶的眼睛。

"早些回啊！福生。"

"早些回啊！爹！"

互相地关照着。这一天，像有一种说不出来的沉重的压力，紧紧地压迫着父子们的心。在桥边，儿子福生又特别在站着，多瞧了那老迈的爹爹的背影一眼，一直看到那个拐过了一个弯，不再看见了，他才放开着大步，朝高昌庙铁路边的菜园跑去。

也许是因为过于担心了吧，七公公刚刚才转过一个弯，心儿便跳起来了。手中的草篮子轻轻地抖战着，香瓜子统统斜倾在一边。他用着仓猝的眼光，向马路的四周不住地打望着：可没有看见什么，大半的店门，都还紧紧地关闭着没有开开呢。

自家把心儿镇静了一下。于是，便开始向大小的弄堂里穿钻起来，口里喊着：

"香瓜子啊！"

最初的主顾，照例是上学去的孩子们。用着白嫩的小手夹着一个铜元轻轻地向草篮中一放，便在七公公的一个鬼脸儿之下，捧着百十粒香瓜子儿笑嘻嘻地走开了。接着便是讨厌的，争多争少，罗罗苏苏的娘姨和老太婆们！……

工厂的汽笛告诉着人们已经到了午餐的时候。七公公便悄悄地从弄堂里钻出来，急忙穿过了一条大的马路，准备着回家去吃午饭，可是，猛不提防在马路的三岔口边，突然地发出一声：

"跑来！卖香瓜子的老头子！"

七公公一看，一个荷着枪的安南巡捕，迎面地向他走了过来，他吓得掉转头来就跑。

"哪里去？猪猡！"

安南巡捕连忙赶了上来，用三只指头把七公公的衣领子轻轻地抓住着向后面一拖！……

"卖，卖的！……"七公公的腿子不住地发抖。

于是，那个安南巡捕便毫不客气地抓去了一大把香瓜子。接着，又跑拢来了四五个：

"来呀！吃香瓜子呀！"

一会儿香瓜子去了一大半！七公公挨在地下跪着不肯爬起来，口里便尽量地哀求着：

"老爷！钱！……做做好事啊！……"

"钱？猪猡！"安南巡捕用力的一脚，恰好踢在七公公的草篮子上。

篮子飞起一丈多高！香瓜子，铜板，……接着又是一阵扫地的旋风！

"天哪！"七公公伤心地大哭着。他爬起来到处找寻着他的草篮子！草篮子抵剩了一个边儿；香瓜子？香瓜子倒下来全给大风吹散了；铜板？铜板满马路滚的不知去向！

七公公像发疯了似的。他瞧着那几个凶恶的安南巡捕的背影，他恨不得也跑上去踢他几脚，出出气！要不是他们荷著有一支枪的话。

还有什么办法呢？祇好痛苦地拾起马路上的零碎的铜板，提着半个草篮儿，走一步咬一下牙门地骂几句；像一匹带了重伤的野狗似的，跟跄地走回到自己的船屋子里来。七公公的心儿，差不多快要痛得裂开了。

儿子还没有回来，他一面吃饭一面流泪的向媳妇诉述着他这一次被劫的经过。媳妇垂头叹着气，说着一些宽慰的活儿，小玲儿和四喜子便围着他亲热地呼叫起来；可是，这一回，公公的怀中，再也没有橘子糖拿出来了。

午饭过后，太阳眼看得又偏了西了，福生还没有看见回来，七公公可真有点儿急了：

"为什么还不回来呢？入他妈妈的！"

媳妇又带着两个孙儿走过桥去寻活去了。七公公独自儿坐在船屋子里，焦急地等待着儿子回来诉述他心中的苦痛。用着气愤的羡慕的眼光，凝视着对面的高大的洋房和汽车的飞驶；仰望着天上惨白的浮云，低叹着自家六七十年来的悲伤的命运！

"入他妈妈的，还不回来！……"

非常不耐烦地低声地骂了一句。忽然，老远地有一个警察向这里跑来了。七公公吃了一惊！

"你的儿子呢？"

"七公公定神地一看，马上就认识了：这是上一次打儿子的耳光，要码头费的那个人。他连忙陪笑地说：

"先生！早上出去的，还没有回来。"

"你们为什么把船架在此地呢？上一回我不是对你们说过了吗？"

"是！是！先生，……"

"马上撤开！"警察顺手用捧棍一击，啪的一声，船篷子上立刻穿了一个碗大的窟窿！ "还有，那个坪上的一堆草，也得赶快弄去！……上面有过命令的，这是叫做'妨害卫生，有得（碍）观胆（瞻）'！……"

"是！是！……"七公公说不出一句话来。

"你去告诉你的儿子吧！要是明朝还没有撤去，哼！"

警察先生耀武扬威地走了上去，回头还丢下一个凶恶的狡狠的眼光来！

七公公的心儿乱得一塌糊涂了，像卡着有一件什么东西急待吐出来一样。他不知道为什么儿子还不回来，天色巴巴地快要黑下来了。

媳妇孙子们都回来了，马路上早已经燃上了路灯。胡乱地弄吃了一点东西之后，公媳们便都把心儿吊了起来，静静地等候着儿子、丈夫的消息。

"天哪！保佑保佑我的儿子吧！他再不能像我今天早晨一样呀！……"

一夜的光阴，在严厉的恐怖中度过。

一直到第二天的下午，儿子福生才赤手空拳，气愤得咬牙切齿地跑回来，一屁股坐在船头上，半晌还说不出来一句话。

"怎，怎么回来吗？"七公公战战兢兢地问。

"人，入他妈妈的！……"福生忍气地说："没得照会，昨天晚上在公安局关了一夜！……

"菜箩呢？钱呢？……"

"……"福生的眼睛瞪得酒杯那么大，摇摇头，没有作声。

"天哪！我们都活不成了哪！……"

一家人都焦急着。晚上，那个讨码头钱的警察又跑了来，福生气愤的只和他斗了几句嘴，便又吃了他几个耳光。结果，钱没有给逼出一文来，警察先生也知道没有了办法，才恼怒地跑到那块空坪上，轻轻地擦着一根火柴，把福生的草堆子燃烧了。

等福生知道了急忙赶上去扑救的时候，已经迟了，只剩得一堆火灰了。

七公公便更加伤心地哭叫起来：

"天哪！同强盗一样哪！我们活不成了哪！……"

四

　　儿子没有本钱再卖小菜了；自家的香瓜子卖不成了；仅仅祇有媳妇过桥去补补破衣破袜，一家人的生活，便立刻感到艰难起来了。

　　福生整天地躲在船舱里面发脾气。他像着了疯似的。一天到晚，骂骂这个，又骂骂那个；从故乡的灭绝了天良的田主起，一直骂到打他耳光，关禁他，放火烧他的草堆子的丧天良的警察为止。骂得不耐烦了就把眼睛睁得酒杯那样大，仰卧在船头上，牢牢地钉住那惨白的天空，像在深深地想着一桩什么事件一样。有时候，还紧紧地捏住他那粗大的拳头，向空中乱击乱舞；或者是寻着犯了过错的孩子们捶打一顿！……这样，一天，两天，……他那一颗中年人的创痛的心儿，便更加迅速地变化得令人不可捉摸了。

　　七公公焦急得时时刻刻想哭。尤其是看不惯福生的那种失神失态的样子，真正是使他心烦，连一点儿忍耐性也没有。他几回都想开口责骂福生几句，可是，一想到这家伙平日拼死拼活地为生活挣扎的神气，心儿便不知不觉地软了下来。

　　"多可怜啊！他，他……天老爷为什么没有眼睛呢？"

　　习惯地一想到天老爷有眼睛，七公公的心儿便马上壮了许多。无论怎么样，他想，好人是绝对不会饿死的，一到了要紧关头就会有贵人来扶助。譬如说：就拿这次到上海来的事情来讲吧，一到岸，没有办法，就找到了六根爷爷！……

　　于是，七公公便比较地安心些了。他从从容容地跑到茶棚子里去找六根爷爷，六根爷爷表示没有办法，他不急；又跑去找小五子，小五子对他摇了摇头，他不急！不到要紧关头，是绝没有贵人肯来扶助的，他想。

　　天气一天比一天寒冷起来，除了整天地吃不到饱饭以外，每个人身上的破衣破服，都已经着实地感到单薄起来了。这，特别是七公公和那个稚幼的孩子，孩子们冷起来便往破被里面钻，特别是小玲儿，他差不多连小小的脑袋儿都盖了起来。七公公终天地坐在船舱中发抖，骨子里像有一把冰冷的小刀子在那里一阵阵地刮削他的筋肉。媳妇的生意，虽然比平常好了许多了，但是，天冷，手僵，一天拼命也做不了多少钱，生活，仍旧是毫无办法的哟！

"贵人为什么还不来呢？现在是时候了呀！"于是，七公公又渐渐地开始着起急来。他又跑去找六根爷爷，又跑去找小五子，六根爷爷和小五子仍旧没有替他想到办法。

孩子们，最初是闹着，叫着，要吃；随后，便躺在舱板上抱着干瘪的肚皮哇啦哇啦地哭起来。福生仍旧是一样的倔强，发脾气，寻着过错儿打孩子。福生嫂拼命地赶着做着生活！……

"天啊！难道真的要饿死我们吗？"七公公这在挨不下去了，身上，肚皮，……终于，他下了一个很大的决心；明天，要是仍旧想不出什么办法来，他就决定带着两个孙子，跑到热闹的马路边去讨铜板去。

单为了冬防的紧急，穷人的行动，便一天甚似一天地被拘束起来；尤其是沿日晖港一直到徐家汇一带的贫民窟，一到夜晚十时左右，就差不多不准行人往来了。

老北风，一连刮了三个整日。就在这刮北风的第三天的下午，天上忽然布满了灰黑色的寒云，像一块硕大无比的铝铁。当那寒云一层层地不住地加厚的时候，差不多把整个贫民窟的人们的心儿，都吊起来了。

"天哪！大风大雪，这儿实在来不得哪！"

入夜，暴风雪吹着唿哨似地加紧地狂叫着！随即，便是倾盆大雨夹着豆大的雪花。

"天哪！……"人们都发出了苦痛不堪的哀叫。

突然：……一阵巨大的漩涡风，把一大半数贫民窟的草棚和船屋子的篷盖，统统都刮得无影无踪了！船屋子里面的人们，便都毫无抵抗地在暴雨和雪花中颠扑！

"不得了呀！福生快来呀！"七公公拼命地扭住着一片被暴风揭断了的船篷子，在大雨和泥泞中滚着，打着磨旋。福生连忙跑过来将他扶住了！……

三四片船篷子都飞起来了，雨雪统统扑进了舱中！孩子，福生嫂，一个个都像落汤鸡似的，简直没有地方可以站得住脚；渐渐地都倒将下来了，满身尽沾着泥泞，腿子不住地发抖，牙门磕得可可地叫！

福生又连忙跑过来将他们扶起，拼命地把四五片吹断了的篷子塞在船舱中，用一根棕绳扎好。然后，扶着父亲、老婆，背着小玲儿和四喜子，跑到了马路上来。

两个小东西的脸色都变成了死灰，七公公已经冻得不能开口了，福生急急地想把他们护过桥去，送到一个什么弄堂里去暂时地躲一躲。可是，刚刚才跑到桥口上，就看见了一群同样的躲难的人们，挤在大风雨中，和警察巡捕在那里争论着：

"为什么不许我们到租界上去躲一躲雨呢？"

"猪猡！不许过去！上面有命令的！……"

"为什么呢？"

"戒严！不知道！"

大家都熬不住了，便想趁着警察巡捕们猛不妨备的时候，一齐冲过桥去。可是这边还没有跑上几步，那边老早已经把枪口儿对准了：

"你们哪一个敢来？怕不怕死？……"

互相支持了一个钟头左右，天色已经发白了，才算是解了严，准许了行人们通过。一时被暴风雨打得无处安身的人们，便像潮水似地向租界上涌来了！

福生寻了一个比较干净的弄堂，把一家人住着。

七公公和两个孙儿都生病了。特别是七公公病得厉害，头痛，发烧，不省人事！……

福生急得没有办法。这一回，他的那颗中年人的心儿，是更加地创痛了。几个月来，从故乡一直到此地，无论是一件很大的或是很小的事实，都使他看得十分明白了：穷人，是怎样才能够得到生存的啊！

在弄堂过了两天，他又重新地跑到港边把屋子收拾了一下，勉强地，将病着的七公公和两个孩子，从租界弄堂里搬回来。福生嫂，因为要在家看护七公公和孩子们，活计便不能再去做了。

福生仍旧还是整天地在外面奔跑着。家中已经没有一个能够帮他赚钱的人了，他知道，自己如果不再努力地去挣扎一下，马上便有很大的危险的。特别是父亲和孩子的病。

只要是有一线孔隙可钻，福生就是毫不畏难的去钻过了。好容易地，才由同乡六根爷爷、小五子，以及最近新认识的周阿根、王长发四五个人的帮助，才算是在附近斜土路的一个织绸厂里，找到了一名做装运工作的小工，一天到晚，大约有三四角钱好捞到。

七公公的病是渐渐地有了转机了。孩子们，一个重一个轻，重的小的一个，四喜子，是毫无留恋地走了，另外投胎去了！大的轻的一个，小玲儿，也就同七公公一样，慢慢地好了起来。

福生嫂伤心地，捶胸顿足地哭着，号着，样子像要死去的四喜子哭转来似的。福生可没有那样的伤心，他只是淡淡地落了几点眼泪，便什么也没有了。他还不时的劝着他的老婆：

"算了吧！哭有什么用呢？孩子走了，是他的福气！勉强留着他在这里，也是吃苦的！……"

渐渐地，福生嫂也就不再伤心了。

天气一连晴了好些日子，七公公的病，也差不多快要复原了。少了一个四喜子吃饭，生活毕竟是比较容易地维持了下来。

七公公的精神，虽然再没有从前那样好了，但是，他仍旧是一个非常安本分的人，就算每天还是不能吃饱饭，他可并没有丝毫的怨尤啊。

"穷人，有吃就得了！只要天老爷有眼睛，为什么一定要胡思妄想呢？"

然则，"上海毕竟是黄金之地，无论怎样都是有办法的！"七公公是更进一步把心儿安下来了。

天气又有了雪意，戒严也戒得更紧了。可是，七公公已经有了准备，他把身上的破棉袄用绳子纵横的捆得绷紧，没有事情，他也决不轻易地跑到马路上去。他只是安心地准备着；度过了这一个冷酷的冬天，度过了这一个年关，便好仍旧回到他的故乡江北去。

五

渐渐地，离阴历年关只差半个月了。

租界上的抢劫案件，一天比一天增加着，无论是在白天，或是夜晚。因此，整个沪南和江北的贫民窟，都被更加严厉地监视起来。

"这一定又是江北猪猡干的，娘个操的……"

探捕们在捉不到正凶，无法邀赏的时候，便常常把愤怒和罪名一齐推卸到"江北猪猡"的身上。

七公公的船屋子前后，就不时有警察和探捕们光顾。七公公，他是死死地守在自家的船屋子里老不出来。儿子福生下工回来了，也是一样地没有事情，七公公就绝对不让他跑到任何地方去。世道不好，人心险恶！要是糊里糊涂给错抓走了，连伸冤的人都会没有啊。好在福生不要七公公操心，每天除了吃饭的时间以外，简直忙得连睡一忽儿的功夫都没有。

在一个黑暗无光的午夜：

突然地，就在七公公的船屋子的附近，砰砰啪啪地响了好几十下枪声。接着就是一阵人声的鼎沸！唾骂声，夹着木棍声和巴掌声，把七公公的灵魂儿都吓得无影无踪了。福生几回都要跑上岸去打听消息，可给七公公一把拖住下来：

"去不得的！杂种！……"

人声一直闹到天亮，才清静下来。第二天一大早，七公公和福生都跑上去打听了一遍，才知道那枪声是响着捉强盗的。

"谁是强盗呢？……"

没有人能够回答这句话。

后来又跑到一个茶栅子里，过细打听，才知道这一夜一共捉去了十三四个人，连老上海的小五子、王长发，……都在里面，捉去的谁也不承认他自家是强盗！

七公公吓得两个腿子发战：

"小，小五子！他也是强盗吗？乖乖！……"

福生把拳头捏得铁紧，瞪着两只血红的眼睛，向着一些吃茶的同乡说：

"有什么办法呢？只要你是穷人，到处都可以把你捉去当强盗！"

七公公瞧着福生的神气，吓得连忙啐了他一口：

"还不上工去？入你妈妈的！捉去了，关你什么事，老爷冤枉他们吗？……"

福生没有理会他，仍旧在那里挥拳舞掌地乱说乱骂：

"他们不分青红皂白就抓！他们自己才是真正的强盗呢！……"

七公公更加着急了，他恨不得跑上去打福生几个耳光。一直到工厂里快要放第二次汽笛了，福生才一步快一步慢地跑了过去。七公公，他跟在后面望着这东西的背影儿，非常不放心地骂了一句。

"这杂种！入他妈妈的！到底都不安本分啊！"

离过年只剩下十天功夫了。

"江山易改，本性难移！"福生，他的老脾气又发作了。

每天晚上下工回来的时候，这家伙，一到屋就哇啦哇啦地骂个不休："工钱太少哪！……工作大多哪！……厂主们太没心肝哪！……"七公公气得几乎哭起来了。他几回向福生争论着：

"骂谁啊，杂种！入你妈妈的，安份些吧！上海，上海，比不得我们江北啊！……要是，要是，……入你妈妈的！"

可是，福生半句也没有听他的。

他仍旧在依照他自己的性情做着，而且还一天比一天凶了。

"加工钱啊！"

"过年发双薪啊！……"

"阴历年底当和阳历年一样啊！……放十天假啊！……米贴啊！……"

闹得烟雾笼天的。虽然，全厂中，不只是福生一个，可是，杨七公公的心儿吊起来了。他非常地明白：自家的儿子，一向都是不大安本分的，无论是在乡间或是在上海！……因此，他就格外地着急。他今年七十多岁了，虽然，他对于自家这一条痛苦的，残余的，比猪狗还不如的生命，没有什么多大的留恋的了，可是，他还有一个媳妇，一个孙子。只要是留着他一天活着不死，他就要一天对儿子管束着，他无论如何，不能眼巴巴地瞧着儿子将媳妇和孙儿害死啊！

在福生呢？他认为，现在，他对一切的事物，是更加地明白了，是更加有把握了。他明白人家，他更了解自己。而且，他知道：父亲是无论怎样都是说不清的。在这样的吃人不吐骨子的年头，自己不倔强起来，又有什么办法呢？

因此，父子们的冲突，便一天一天地尖锐起来。乱子呢，也更加闹得大了。整个工厂四五百多工人都罢了工，一齐闹着，要求着：放假！发双薪！发米贴！……福生是纠察队长，他整日整夜地奔着，跑着，忙个不停。

七公公吓得不知道如何处置才好！他拼命地拖住着福生的衣袖，流着眼泪地向着福生说了许多好话：

"使不得的！你，你不要害我们！你，你做做好事！……"

福生只对七公公轻轻地安慰了几句："不要紧的，爸爸！你放心吧！又没有犯法，为了大家都要吃饭！……"就走了。

七公公更加弄得不能放心了。无可奈何地，他只好跪喊着天，求菩萨！

罢工接着延续了三四天功夫，没有得到结果。一直到第五天的早上，突然地，厂方请来了一大批的探警，将罢工委员会包围起来。按着名单：主席，委员，队长，……一个也不少地都捉到了一辆黑色的香港车里面，驶向热闹的市场中去了。

消息很迅速地传入了七公公的耳朵里。他，惊惶骇急地：

"我晓得哪！……"仅仅只说了这么一句，便猛的一声晕到下来了。

福生嫂吓得浑身发战，眼泪雨一般地滚下来。小玲儿，也莫明其妙地跟着哇的一声哭起来了：

"公公呀！……"

天上又下了一阵轻微的雨雪。夜晚福生嫂拼命地把篷子用草绳儿扎住了。虽然，不时还有雨点儿漏进来，可总比没有加篷子的时候好得多了。

她向黑暗中望了一望浑身热得人事不省的公公，又摸了一摸怀内的瘦弱的孩子；丈夫的消息，外在的雨点和雪花，永远不可治疗的内心的创痛！……她的眼泪儿流出来了。

她不埋怨丈夫，她知道丈夫并没有犯法；她也不埋怨公公，公公是太老了，太可怜了！这样的，她应当埋怨谁呢？命吗？她可想不清楚。她想放声地大哭一阵，可是，她又怕惊动了这一对，老的，小的。她只好忍痛地叹着气，把眼泪水尽管向肚皮里吞，吞！……

痛苦地度过了两天，七公公是更不中用了。丈夫，仍旧还没有消息。福生嫂哭哭啼啼地跑去把六根爷爷请了来，要求六根爷爷代替她看护一下公公，自己便带着饿瘪了肚皮的孩子，沿路一面讨着铜板，一面向工厂中跑去。

"还在公安局啊！嫂子。"工友们告诉她。

于是，福生嫂又拖着小玲儿，寻到了公安局。公安局的警察先生略略地问了一问来由，便恳切地告诉她了：

"这个人，没有啊！"

"到底到什么地方去了呢？"福生嫂哭哭啼啼地跑回来，向六根爷爷问。六根爷爷只轻声地说了这么半句：

"该没有……"

福生嫂便号啕大哭起来。

六

过年了。

只隔一条港。那边，孩子们，穿得花花绿绿，放着爆竹，高高地举着红绿灯笼儿；口里咬嚼着花生、糖果；满脸笑嘻嘻地呼叫着，唱着各样的歌儿！……大人们：汽车，高大的洋房子，留声机传布出来的爵士音乐，丰盛的筵席，尽情的欢笑声！

祇隔一条港。这边，什么声音都没有了！……

福生嫂，坐在七公公的旁边，尽量地抽咽着，小玲儿饿得呆着眼珠子倒在她的怀里不能作声。她伸手到七公公的头上去探了一探，微微地还有一点儿热意。该不是回光返照吧，福生嫂可不能决定。

老远地，六根爷爷带了一个人跑过来了。福生嫂一看，认得是小

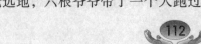

五子，便连忙把眼泪揩了一揩，抱着孩子迎了上去：

"小五伯伯！恭喜你，几时回来的?"

"今天早上。你公公好了些吗?"

福生嫂叹了一声气，小五子便没有再问了。走进来，七公公还正在微微地抽着气哩。

"七公公！七公公!"小五子轻轻地叫着。

"唔!"回答的声音比蚊子的还要细。这，模糊的在七公公的脑子里，好像还有一点儿知道：这是什么人的声音。可是，张不开口，睁不开眼睛。接着，耳朵里便像响雷似地叫了起来，眼前像有千万条金蛇在闪动!……

"你，伯伯！见没有见到我们福生呢?"福生嫂问。

"唔……"小五子沉吟了一会，接着："见到的……。"

"他呢?"福生嫂枪上一句。

"判了啊！十，十，十年徒刑哪!"

"我的天哪!"福生嫂便随身倒了下来。六根爷爷连忙抢上去扶着，小玲儿也跟着呜呜地叫起来了!

"福生嫂！福生嫂!……"

那一面，小五子回头一看：——几乎吓得跳将起来！七公公他已经睁着眼睛，咬着牙门，把拳头捏得铁紧了!

"怎么一回事呀!"小五子轻轻伸手去一探，便连忙收了回来!
"七公公升天了啊!……"

福生嫂也苏醒过来了，她哭着，叫着，捶胸顿足的。

六根爷爷和小五子也陪着落了一阵泪。特别是小五子，他愤慨得举起他的拳头在六根爷爷的面前扬了几扬！像一句什么惊天动地的话儿要说出来一样!……

可是，等了老半天，他才：

"嗯，六根爷爷！我说，这个年头，穷人，要不自己，自己，嗯！嗯！……"只说了一半，小五子已经涨红了脸，再也嗯不出来了。

接着，老远地，欢呼声，爆竹声，孩子们的喧闹声，夹着对过洋房子里面的爵士音乐声，一阵阵地向这贫民窟这儿传过来了。

"恭喜啊！恭喜过年啊！"在另一个破烂不堪的船屋子里，有谁这么硬着那冷得发哑的嗓子，高声地叫着！笑着！……

1934 年 6 月 13 日，脱稿于上海。

22. 鬼

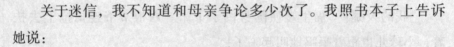

◉ 叶　紫

关于迷信，我不知道和母亲争论多少次了。我照书本子上告诉她说：

"妈妈，一切的神和菩萨，耶稣和上帝……都是没有的。人——就是万能！而且人死了就什么都完了，没有鬼也没有灵魂……"

我为了使她更加明白起见，还引用了许多科学上的证明，分条逐项地解释给她听。然而，什么都没有用。她老是带着忧伤的调子，用了几乎是生气似的声音，眯着她那陷进去了，昏黄的眼睛，说：

"讲到上帝和耶稣，我知道——是没有的。至于菩萨呢，我敬了一辈子了。我亲眼看见过许多许多……在夜里，菩萨常常来告诉我的吉凶祸福！……我有好几次，都是蒙菩萨娘娘的指点，才脱了苦难的！……鬼，也何尝不是一样呢？他们都是人的阴灵呀，他们比菩萨还更加灵验呢。有一次，你公公半夜里从远山里回来，还给鬼打过一个耳光，脸都打青了！并且我还看见……

我能解释得出的，都向她解释过了：那恰如用一口钉想钉进铁板里去似的，我不能将我的理论灌入母亲的脑子里。我开始感觉到：我和母亲之间的时代，实在相差得太远了；一个在拼命向前，一个却想拉回到十八或十九世纪的遥远的坟墓中去。

就因为这样，我非常艰苦地每月要节省一元钱下来给母亲做香烛费。家里也渐渐成为菩萨和鬼魂的世界了。铜的，铁的，磁的，木的……另外还有用红纸条儿写下来的一些不知名的鬼魂的牌位。

大约在一个月以前，为了实在的生活的窘困，想节省着这一元香烛钱，我又向母亲宣传起"无神论"来了。那结果是给她大骂一场，并且还口口声声要脱离家庭，背了她的菩萨和鬼魂，到外乡化缘去！

我和老婆都害怕起来了。想想为了一元钱欲将六十三岁的老娘赶到外乡化缘去，那无论如何是罪孽的，而且不可能的事情。我们屈服了。并且从那时起，母亲就开始了一些异样的，使我们难于捉摸的行动。譬如有时夜晚通宵不睡，早晨不等天亮就爬起来，买点心吃必须亲自上街去……等等。

我们谁都不敢干涉或阻拦她。我们想：她大概又在敬一个什么新奇的菩萨吧。一直到阴历的七月十四日，她突然跑出去大半天不回家来，我和老婆都着急了。

"该不是化缘去了吧！"我们分头到马路上去找寻时，老婆半开玩笑半焦心地说。

天幸，老婆的话没有猜中！在回家的马路上寻过一通之后，母亲已经先我们而回了。并且还一个人抱着死去的父亲和姐姐的相片在那里放声大哭！在地上——是一大堆不知道从什么地方弄来的鱼肉，纸钱，香烛和长锭之类的东西。

"到哪里去了呢？妈妈！"我惶惑地，试探地说。

"你们哪里还有半点良心记着你们的姐姐和爹爹呢？……"母亲哭得更加伤心起来，跺着脚说；"放着我还没有死，你就将死去的祖宗、父亲都忘记得干干净净了！……明天就是七月半，你们什么都不准备，……我将一个多月的点心钱和零用钱都省下来……买来这一点点东西……我每天饿着半天肚子！……"

我们一句话都说不出，对于母亲的这样的举动，实在觉得气闷而且伤心！自己已经这样大的年纪了，还时时刻刻顾念着死去的鬼魂，甘心天天饿着肚子，省下钱来和鬼魂作交代！……同时，更悔恨自家和老婆都太大意，太不会体验老人家的心情了。竟让她这样的省钱，挨饿，一直延续了一个多月。

"不要哭了呢！妈妈！"我忧愁地，劝慰地说："下次如果再敬菩萨，你尽管找我要钱好了，我会给你老人家的！……现在，咏兰来——"我大声地转向我的老婆叫着："把鱼肉拿到晒台上去弄一弄，我来安置台子，相片和灵牌……"

老婆弯着腰，沉重地咳嗽着拿起鱼肉来，走了。母亲便也停止哭泣，开始和我弄起纸钱和长锭来。孩子们跳着，叫着，在台子下穿进穿出：

"妈妈弄鱼肉我们吃呢！妈妈弄鱼肉我们吃呢！"

"不是做娘的一定要强迫你们敬鬼，实在的……"母亲哽着喉咙，吞声地说："你爹爹和姐姐死得太苦了，你们简直都记不得！……我梦见他们都没有钱用，你爹爹叫化子似的……而你们——"

"是的！"我困惑地，顺从地说："实在应该给他们一些钱用用呢！……"

记起了爹爹和姐姐的死去的情形来，我的心里的那些永远不能治疗的创痕，又在隐隐地作痛！照母亲梦中的述说，爹爹们是一直做鬼都还在闹穷，还在阎王的重层压迫之下过生活——啊，那将是一个如何的，令人不可想象的鬼世界啊！

老婆艰难地将菜肴烧好的时候，已经是午后三四时了。孩子们高兴地啃着老婆给他们的一些小小的肉骨头，被母亲拉到相片的面前机械地跪拜着：

"公公保佑你们呢！……"

然后，便理一理她自家的白头发，喃喃地跪到所有鬼魂面前祈祷起来。那意思是：保佑儿孙们康健吧！多赚一点钱吧！明年便好更多的烧一些长锭给你们享用！……

我和老婆都被一一地命令着跪倒了！就恰如做傀儡戏似的，老婆咳嗽着首先跳了起来，躲上晒台去了。我却还在父亲和姐姐的相片上凝视了好久好久！一种难堪的酸楚与悲痛，突然地涌上了我的心头！自己已经在外漂流八九年了，有些什么能对得住姐姐和爹爹呢？……不但没有更加努力地走着他们遗留给我的艰难的、血污的道路，反而卑怯地躲在家中将他们当鬼敬起来了！啊啊，我还将变成怎样的一种无长进的人呢？……

夜晚，母亲烧纸钱和长锭时对我说：

"再叩一个头吧！今夜你爹爹有了钱用了，他一定要报一个快乐的、欢喜的梦给你听的！"

可是，我什么好梦都没有做，瞪着一双眼睛直到天亮！脑子里，老是浮着爹爹那满是血污的严峻的脸相，并且还仿佛用了一根无形的、沉重的鞭子，着力地捶打我的怯懦的灵魂！"再叩一个头吧！今夜你爹爹有了钱用了，他一定要报一个快乐的、欢喜的梦给你听的！"

23. 第二个夏天

● 缪崇群

隔了一个夏天我又回到南京来，现在我是度着南京的第二个夏天。

当初在外边，逢到夏天便怀想到父亲的病，在这样的季候，常常唤起了我的忧郁和不安。

如今还是在外边，怀想却成了一块空白。夏天到来了，父亲的脸，父亲的肉，父亲的白白的胡须，怕在棺木里也会渐朽渐尽了罢？是在这样的季候了。

和弟弟分别的时候说：

"和父亲同年的一般人差不多都死光了，现在剩下的只有我们这一辈。"

一年一年地度了过去，我不晓得我的心是更寂寞了下去还是更宁静下去了。往昔我好像一匹驿马，从东到西；南一趟北一趟，长久地喘息着奔驰。如今不知怎么，拖到那个站驿便是那个站驿，而且我是这样需要休息，到了罢，到了那个站驿我便想驻留下来；就在这一个站驿里，永远使我休息。

这次回到南京来，我是再也不想动弹了。因为没有安适驻留的地方，索性就蹲在像槽一般大的妻的家里。我原想在这里闭两天的气，那知道一个别了很久的老友又来临了。

这个槽，只有这样大，他也只得占一张小小的行军床为他的领地。

在夏夜，我常常是失眠的，每夜油灯捻小了过后，他们便都安然地就睡；灯不久也像疲惫了似的自己熄灭了。

我烦躁，我倾耳，我怎么也听不见一点声音，夜是这样的黑暗而沉寂，我委实不知道我竟歇在那里。

莫名的烦躁，引起了我身上莫名的刺痒，莫名的刺痒，又引起了我的心上莫名的烦躁。

我决心地划了一支火柴，是要把这夜的黑暗与沉寂一同撕开。

在刹那的光亮里，我看见那古旧了的板壁下面睡着我的老友，我的身边睡着我的妻。白的褥单上面，一颗一颗梨子子大的"南京虫"却在匆忙地奔驰。

火柴熄了，夜还是回到他的黑暗与沉寂。

吸血的东西在暗处。

朋友不时地短短地梦呓着。

妻也不时地短短地梦呓着。

我问他们，他们都没有答语。我恐怖地想：睡在这一个屋里的没有朋友也没有妻，他们只是两具人形，而且还像是被幽灵伏罩住的。夜就是幽灵的。我还是听不见什么声音，倘使蚊香的香灰落在盘里有声，那是被我听见的了。

我还是看不见什么东西，如果那一点点蚊香的红火头就是我看见的，那无宁说是他还在看着我们三个罢。

不知怎么，蚊香的火头，我看见两个了；幽灵像是携了我的手，我不知怎么就到了第二天的早晨。

第二天的早晨我等他们都醒了便问：

"昨天夜里你们做了什么梦？"

"没有。"笑嘻嘻的，都不记得了。"昨夜我不知怎么看见蚊香盘里两个红火头。"我带着昨夜的神秘来问。

"那是你的错觉。"朋友连我看见的也不承认了。

"多少年了，像老朋友这样的朋友却没有增加起来过。"

朋友不知怎么忽地想起了这样一句话说。

我沉默着。想起这次和弟弟分别时候的话来，又想补足了说："我们这一辈的也已经看着看着凋零了。"

(选自《寄健康人》)

24. 守岁烛

◎ 缪崇群

蔚蓝静穆的空中，高高地飘着一两个稳定不动的风筝，从不知道远近的地方，时时传过几声响亮的爆竹，——在夜晚，它的回音是越发地撩人了。

岁是暮了。

今年侥幸没有他乡做客，也不曾颠沛在那迢遥的异邦，身子就在自己的家里；但这个陋小低晦的四周，没有一点生气，也没有一点温情，只有像垂死般地宁静，冰雪般地寒冷。一种寥寂与没落的悲哀，于是更深地把我笼罩了，我永日沉默在冥想的世界里。因为想着逃脱这种氛围，有时我便独自到街头徜徉去，可是那些如梭的车马，鱼贯的人群，也同样不能给我一点兴奋或慰藉，他们映在我眼睑的不过是一幅熙熙攘攘的世相，活动的，滑稽的，杂乱的写真，看罢了所谓年景归来，心中越是惆怅地没有一点皈依了。

啊！What is a home without mother?

我又陡然地记忆起这句话了——它是一个歌谱的名字，可惜我不

120

能唱它。

在那五年前的除夕的晚上，母亲还能斗胜了她的疾病，精神很焕发地和我们在一起聚餐，然而我不知怎么那样地不会凑趣，我反郁郁地沉着脸，仿佛感到一种不幸的预兆似的。

"你怎么了？"母亲很担心地问。

"没有怎么，我是好好的。"

我虽然这样回答着，可是那两股辛酸的眼泪，早禁不住就要流出来了。我急忙转过脸，或低下头，为避免母亲的视线。

"少年人总要放快活些，我像你这般大的年纪，还一天玩到晚，什么心思都没有呢。"

母亲已经把我看破了。

我没有言语。父亲默默地呷着酒；弟弟尽独自挟他所喜欢吃的东西。自己因为早熟一点的原故，不经意地便养成了一种易感的性格。每当人家欢喜的时刻，自己偏偏感到哀愁；每当人家热闹的时刻，自己却又感到一种莫名的孤独。究竟为什么呢？我是回答不出来的……

——没有不散的筵席，这句话的黑影，好像正正投满了我的窄隘的心胸。

饭后过了不久，母亲便拿出两个红纸包儿出来，一个给弟弟，一个给我，给弟弟的一个，立刻便被他拿走了，给我的一个，却还在母亲的手里握着。红纸包里裹着压岁钱，这是我们每年所最盼切而且数目最多的一笔收入，但这次我是没有一点兴致接受它的。

"妈，我不要罢，平时不是一样地要么？再说我已经渐渐长大了。"

"唉，孩子，在父母面前，八十岁也算不上大的。"

"妈妈自己尽辛苦节俭，那里有什么富余的呢。"我知道母亲每次都暗暗添些钱给我，所以我更不愿意接受了。

"这是我心愿给你们用的……"母亲还没说完，这时父亲忽然在隔壁带着笑声地嚷了：

"不要给大的了，他又不是小孩子。"

"别睬他，快拿起来吧。"母亲也抢着说，好像哄着一个婴孩，唯恐他受了惊吓似的……

佛前的香气，蕴满了全室，烛光是煌煌的。那慈祥，和平，闲静的烟纹，在黄金色的光幅中缭绕着，起伏着，仿佛要把人催得微醉了，定一下神，又似乎自己乍从梦里醒觉过来一样。

母亲回到房里的时候，父亲已经睡了；但她并不立时卧下休息，她尽沉思般地坐在床头，这时我心里真凄凉起来了，于是我也走进了房里。

房里没有灯，靠着南窗底下，烧着一对明晃晃的蜡烛。

"妈今天累了罢？"我想赶去这种沉寂的空气，并且打算伴着母亲谈些家常。我是深深知道我刚才那种态度太不对了。

"不——"她望了我一会又问，"你怎么今天这样不喜欢呢？"

我完全追悔了，所以我也很坦白地回答母亲：

"我也说不出为什么，逢到年节，心里总感觉着难受似的。"

"年轻的人，不该这样的，又不像我们老了，越过越淡。"

——是的，越过越淡，在我心里，也这样重复地念了一遍。

"房里也点蜡烛作什么？"我走到烛前，剪着烛花问。

"你忘记了么？这是守岁烛，每年除夕都要点的。"

那一对美丽的蜡烛，它们真好像穿着红袍的新人。上面还题着金字：寿比南山……

"太高了，一点吧？"

"你知道守岁守岁，要从今晚一直点到天明呢。最好是一同熄

——所谓同始同终——如果有剩下的便留到清明晚间照百虫，这烛是一照影无踪的……"

…………

在烛光底下，我们不知坐了多久；我们究竟把我们的残余的，唯有的一岁守住了没有呢，那怕是蜡烛再高一点，除夕更长一些？

外面的爆竹，还是密一阵疏一阵地响着，只有这一对守岁烛是默默无语，它的火焰在不定的摇曳，泪是不止的垂滴，自始至终，自己燃烧着自己。

明年，母亲便去世了，过了一个阴森森的除夕。第二年，第三年，我都不在家里……是去年的除夕罢，在父亲的房里，又燃起了"一对"明晃晃的守岁烛了。

——母骨寒了没有呢？我只有自己问着自己。

又届除夕了，环顾这陋小，低晦，没有一点生气与温情的四周——比去年更破落了的家庭，唉，我除了凭吊那些黄金的过往以外，那里还有一点希望与期待呢？

岁虽暮，阳春不久就会到来……

心暮了，生命的火焰，将在长夜里永久逝去了！

一九三〇，六月改作。

（选自《啼露集》）

123

25. 旅人

◉鲁 彦

或是因为年幼善忘，或是因为不常见面，我最初几年中对父亲的感情怎样，一点也记不起来了。至于父亲那时对我的爱，却从母亲的话里就可知道。母亲近来显然正深深地记念父亲，又加上年纪老了，所以一见到她的小孙儿吃牛奶，就对我说了又说：

"正是这牌子，有一只老鹰！……你从前奶子不够吃，也吃的这牛奶。你父亲真舍得，不晓得给你吃了多少，有一次竟带了一打来，用木箱子装着。那是比现在贵得多了。他的收入又比你现在的少……"

不用说，父亲是从我出世后就深爱着我的。

但是我自己所能记忆的我对于父亲的感情，却是从六七岁起。

父亲向来是出远门的。他每年只回家一次，每次约在家里住一个月。时期多在年底年初。每次回来总带了许多东西；肥皂，蜡烛，洋火，布匹，花生，豆油，粉干……都够一年的吃用。此外还有专门给我的帽子，衣料，玩具，纸笔，书籍……

我平日最欢喜和姐姐吵架，什么事情都不能安静，常常挨了母亲的打，也还不肯屈服。但是父亲一进门，我就完全改变了，安静得仿佛天上的神到了我们家里，我的心里充满了畏惧，但又不像对神似地慑于他的权威，却是在畏惧中间藏着无限的喜悦，而这喜悦中间却又藏着说不出的亲切的。我现在不再叫喊，甚至不大说话了；我不再跳跑，甚至连走路的脚步也十分轻了；什么事情我该做的，用不着母亲

124

说，就自己去做好；什么事情我该对姐姐退让的，也全退让了。我简直换了一个人，连自己也觉得：聪明，诚实，和气，勤力。

父亲从来不对我说半句埋怨话，他有着宏亮而温和的音调。他的态度是庄重的。但脸上没有威严却是和气。他每餐都喝一定分量的酒，他的皮肤的血色本来很好，喝了一点酒，脸上就显出一种可亲的红光。他爱讲故事给我听，尤其是喝酒的时候，常常因此把一顿饭延长了一二个钟点。他所讲的多是他亲身的阅历，没有一个故事里不含着诚实，忠厚，勇敢，耐劳。他学过拳术，偶然也打拳给我看，但他接着就讲打拳的故事给我听：学会了这一套不可露锋芒，只能在万不得已时用来保护自己。父亲虽然不是医生，但因为祖父是业医的，遗有许多医书，他一生就专门研究医学。他抄写了许多方子，配了许多药，赠送人家，常常叫我帮他的忙。因此我们的墙上贴满了方子，衣柜里和抽屉里满是大大小小的药瓶。

一年一度，父亲一回来，我仿佛新生了一样，得到了学好的机会：有事可做，也有学问可求。

然而这时间是短促的。将近一个月，他慢慢开始整理他的行装，一样一样地和母亲商议着别后一年内的计划了。

到了远行的那夜一时前，他先起了床，一面打扎着被包箱夹，一面要母亲去预备早饭。二时后，吃过早饭，就有划船老大在墙外叫喊起来，是父亲离家的时候了。

父亲和平日一样，满脸笑容。他确信他这一年的事业将比往年更好。母亲和姐姐虽然眼眶里贮着惜别的眼泪，但为了这是一个吉日，终于勉强地把眼泪忍住了。只有我大声啼哭着，牵着父亲的衣襟，跟到了大门外的埠头上。

父亲把我交给母亲，在灯笼的光中仔细地走下阶级，上了船，船就静静地离开了岸。

125

"进去吧，很快就回来的，好孩子。"父亲从船里伸出头来，说。

船上的灯笼熄了，白茫茫的水面上只显出一个移动着的黑影。几分钟后，它迅速地消失在几步外的桥的后面。一阵关闭船篷声，接着便是渐远渐低的咕呀咕呀的桨声。

"进去吧，还在夜里呀。"过了一会，母亲说着，带了我和姐姐转了身。"很快就回来了，不听见吗？留在家里，谁去赚钱呢？"

其实我并没想到把父亲留在家里，我每次是只想跟父亲一道出门的。

父亲离家老是在夜里又冷又黑。想起来这旅途很觉可怕。那样的夜里，岸上是没有行人也没有声音的，倘使有什么发现，那就十分之九是可怕的鬼怪或恶兽。尤其是在河里，常常起着风，到处都潜着吃人的水鬼。一路所经过的两岸大部分极其荒凉，这里一个坟墓，那里一个棺材，连白天也少有行人。

但父亲却平静地走了，露着微笑。他不畏惧，也不感伤，他常说男子汉要胆大量宽，而男子汉的眼泪和珍珠一样宝贵。

一年一年过去着，我渐渐大了，想和父亲一道出门的念头也跟着深起来，甚至对于夜间的旅行起了好奇和羡慕。到了十四五岁，乡间的生活完全过厌了，倘不是父亲时常寄小说书给我，我说不定会背着母亲私自出门远行的。

十七岁那年的春天，我终于达到了我的志愿。父亲是往江北去，他送我到上海。那时姐姐已出了嫁生了孩子，母亲身边只留着一个五岁的妹妹。她这次终于遏抑不住情感，离别前几天就不时流下眼泪，到得那天夜里她伤心地哭了。

但我没有被她的眼泪所感动。我很久以前听到我可以出远门，就在焦急地等待着那日子。那一夜我几乎没有合眼，心里充满了说不出的快乐。我满脸笑容，跟着父亲在暗淡的灯笼光中走出了大门。我没注意母亲站在岸上对我的叮嘱，一进船舱，就像脱离了火坑一样。

"竟有这样硬心肠，我哭着，他笑着！"

这是母亲后来常提起的话。我当时欢喜什么，我不知道。我只觉得心里十分的轻松，对着未来有着模糊的憧憬，仿佛一切都将是快乐的，光明的。

"牛上轭了！"

别人常在我出门前就这样地说，像是讥笑我，像是怜悯我。但我不以为意。我觉得那所谓轭是人所应该负担的。我勇敢地挺了一挺胸部，仿佛乐意地用两肩承受了那负担，而且觉得从此才成为一个"人"了。

夜是美的。黑暗与沉寂的美。从篷隙里望出去，看见一幅黑布蒙在天空上，这里那里镶着亮晶晶的珍珠。两岸上缓慢地往后移动的高大的坟墓仿佛是保护我们的炮垒，平躺着的草扎的和砖盖的棺木就成了我们的埋伏的卫兵。树枝上的鸟巢里不时发出喊喊的拍翅声和细碎的鸟语，像在庆祝着我们的远行。河面一片白茫茫的光微微波动着，船像在柔软轻漾的绸子上滑了过去。船头下低低地响着淙淙的波声，接着是咕呀咕呀的前桨声，和有节奏的喊咄喊咄的后桨拨水声。清冽的水的气息，重浊的泥土的气息和复杂的草木的气息在河面上混合成了一种特殊的亲切的香气。

我们的船弯弯曲曲地前进着，过了一桥又一桥。父亲不时告诉着我这是什么桥，现在到了什么地方。我静默地坐着，听见前桨暂时停下来，一股寒气和黑影袭进舱里，知道又过了一个桥。

一小时以后，天色渐渐转白了，岸上的景物开始露出明显的轮廓来，船舱里映进了一点亮光，稍稍推开篷，可以望见天边的黑云慢慢地变成了灰白色，浮在薄亮的空中。前面的山峰隐约地走了出来，然后像一层一层地脱下衣衫似地，按次地露出了山腰和山麓。

"东方发白了，"父亲喃喃地念着。

白光像凝定了一会，接着就迅速地揭开了夜幕，到处都明亮起来。现在连岸上的细小的枝叶也清晰了。星光暗淡着，稀疏着，消失着。白云增多了，东边天上的渐渐变成了紫色，红色。天空变成了蓝色。山是青的，这里那里迷漫着乳白色的烟云。

我们的船驶进了山峡里，两边全是繁密的松柏，竹林和一些不知名的常青树。河水渐渐清浅，两边露出石子滩来。前后左右都驶着从各处来的船只。不久船靠了岸，我们完成了第一段的旅程。

当我踏上埠头的时候，我发现太阳已在我的背后。这约莫二小时的行进，仿佛我已经赶过了太阳，心里暗暗地充满了快乐。

完全是个美丽的早晨。东边山头上的天空全红了。紫红的云像是被小孩用毛笔乱涂出的一样，无意地成了巨大的天使的翅膀。山顶上一团浓云的中间露出了一个血红的可爱的紧合着的嘴唇，像在等待着谁去接吻。西边的最高峰上已经涂上了明耀的光辉。平原上这里那里升腾着白色的炊烟，像雾一样。埠头上忙碌着男女旅客，成群地往山坡上走了去。挑夫，轿夫，喊着，追赶着，跟随着，显得格外的紧张。

就在这热闹中，我跟在父亲的后面走上了山坡，第一次远离故乡，跋涉山水，去探问另一个憧憬着的世界，勇往地肩起了"人"所应负的担子。我的血在飞腾着，我的心是平静的，平静中满含着欢乐。我坚定地相信我将有一个光明的伟大的未来。

但是暴风雨卷着我的旅程，我愈走愈远离了家乡。没有好的消息给母亲，也没有如母亲所期待的三年后回到家乡。一直过了七八年，我才负着沉重的心，第一次重踏到生长我的土地。那时虽走着出门时的原来路线，但山的两边的两条长的水路已经改驶了汽船，过岭时换了洋车。叮叮叮叮的铃子和呜呜的汽笛声激动着旅人的心。

到得最近，路线完全改变了。山岭已给铲平，离开我们村庄不远的地方，开了一条极长的汽车路。它把我们旅行的时间从夜里二时出发改做了午后二时。然而旅人的心愈加乱了，没有一刻不是强烈地被震动着。父亲出门时是多么的安静，舒缓，快乐，有希望。他有十年二十年的计划，有安定的终身的职业。而我呢？紊乱，匆忙，忧郁，失望，今天管不着明天，没有一种安定的生活。

实际上，父亲一生是劳碌的，他独自负荷着家庭的重任，远离家乡一直到他七十岁为止。到得将近去世的几年中，他虽然得到了休息，但还依然刻苦地帮着母亲治理杂务。然而，他一生是快乐的。尽管天灾烧去了他亲手支起的小屋，尽管我这个做儿子的时时在毁损着他的产业，因而他也难免起了一点忧郁，但他的心一直到临死的时候为止仍是十分平静的。他相信着自己，也相信着他的儿子。

我呢？我连自己也不能相信。我的心没有一刻能够平静。

当父亲死后两年，深秋的一个夜里二时，我出发到同一方向的山边去，船同样地在柔软轻漾的绸子似的水面滑着，黑色的天空同样地镶着珍珠似的明星，但我的心里却充满了烦恼，忧郁，凄凉，悲哀，和第一次跟着父亲出远门时的我仿佛是两个人了。

原来我这一次是去掘开父亲给自己造成的坟墓，把他永久地安葬的。

26. 母亲的时钟

◎ 鲁 彦

二十几年前，父亲从外面带了一架时钟给母亲；一尺多高，上圆下方，黑紫色的木框，厚玻璃面，白底黑字的计时盘，盘的中央和边缘镶着金漆的圆圈，底下垂着金漆的钟摆，钉着金漆的铃子，铃子后面的木框上贴着彩色的图画——是一架堂皇而且美丽的时钟。那时这样的时钟在乡里很不容易见到；不但我和姐姐非常觉得稀奇，就连母亲也特别喜欢它。

她最先把那时钟摆在床头的小橱上，只允许我们远望，不许我们走近去玩弄。我们爱看那钟摆的晃摇和长针的移动，常常望着望着忘记了读书和绣花。于是母亲搬了一个座位，用她的身子挡住了我们的视线，说：

"这是听的，不是看的呀！等一会又要敲了，你们知道呆看了多少时候吗？"

我们喜欢听时钟的敲声，常常问母亲：

"还不敲吗，妈？你叫它早点敲吧！"

但是母亲望了一望我们的书本和花绷，冷淡地回答说：

"到了时候，它自己会敲的。"

钟摆不但自己会动，还会得得地响下去，我们常常低低地念着它的次数；但母亲一看见我们嘴唇的嚅动，就生起气来。

"你们发疯了！它一天到晚响着，你们一天到晚不做事情吗？我把它停了，或是把它送给人家去，免得害你们吧！……"

但她虽然这样说，却并没把它停下，也没把它送给人家。她自己也常常去看那钟点，天天把它揩得干干净净。

"走路轻一点！不准跳！"她几次对我们说，"震动得厉害，它会停止的。"

真的，母亲自从有了这架时钟以后，她自己的举动更加轻声了。她到小橱上去拿别的东西的时候，几乎忍住了呼吸。

这架时钟开足后可以走上一个星期。不知母亲是怎样记得的。每次总在第七天的早晨不待它停止，就去开足了发条。和时钟一道，父亲带回家来的，还有一个小小的日晷。一遇到天气好太阳大，母亲就在将到正午的时候，把它放在后院子的水缸盖上。她不会看别的时候，只知道等待那红线的影子直了，就把时钟纠正为十二点。随后她收了那日晷，把它放在时钟的玻璃门内。我们也喜欢那日晷，因为它里面有一颗指南针，跳动得怪好看。但母亲连这个也不许我们玩弄。

"不是玩的！"她说，"太阳立刻就下山了，还不赶快做你们的事吗？……"

这在我们简直是件苦恼的事情。自从有了时钟以后，母亲对我们的监督愈加严了。她什么事情都要按着时候，甚至是早起、晚睡和三餐的时间。

冬天的日子特别短，天亮得迟黑得早。母亲虽然把我们睡眠的时间略略改动了些，但她自己总是照着平时的时间。大冷天，天还未亮，她就起来了。她把早饭煮好，房子收拾干净，拿着火炉来给我们烘衣服，催我们起床的时候，天才发亮，而我们也正睡得舒服，怕从被窝里钻出来。

"立刻要开饭了，不起来没有饭吃！"

她说完话就去预备碗筷。等我们穿好衣服，脸未洗完，她已经把饭菜摆在桌上。倘若我们不起来，她是决不等待我们的，从此要一直饿到中午，而且她半天也不理睬我们。

每次每次当她对我们说几点钟的时候，我们几乎都起了恐惧，因为她把我们的一切都用时间来限制，不准我们拖延。我们本来喜欢那架时钟的，以后却渐渐对它憎恶起来了。

"停了也好，坏了也好！"我们常常私自说。

但是它从来不停，也从来不坏。而且过了两三年，我们家里又加了一架时钟了。

那是我们阴配的嫂嫂的嫁妆。它比母亲的一架更时新，更美观，声音也更好听。它不用铃子，用的钢条圈，敲起来声音洪亮而且余音不绝。

我们喜欢这一架，因为它还有两个特点：比母亲的一架走得慢，常常走不到一星期就停了下来。

但母亲却喜欢旧的一架。她把新的放在门边的琴桌上，把揩抹和开发条的事情派给了姐姐。她屡次看时刻都走到自己的床边望那架旧的。

"你喜欢这一架"，母亲对姐姐说，"将来就给你做嫁妆吧。当然，这一架样子新，也值钱些。"

我想姐姐当时听了这话应该是高兴的。但我心里却很不快活。我不希望母亲永久有一架那样准确而耐用的时钟。

那时钟，到得后来几乎代替了母亲的命令了。母亲不说话，它也就下起命令来。我们正睡得熟，它叮叮地叫着逼迫我们起床了；我们正玩得高兴，它叮叮地叫着，逼迫我们睡觉了；我们肚子不饿，它却叫我们吃饭；肚子饿了，它又不叫我们吃饭……

我们喜欢的是要快就快，要慢就慢，要走就走，要停就停的时钟。

姐姐虽然有幸，将得到一架那样的时钟，但在出嫁前两三个月，母亲忽然要把它修理了。

"好看只管好看，乱时辰是不行的，"她对姐姐说，"你去做媳妇，比不得在家里做女儿，可以糊里糊涂，自由自在呀。"

不知怎样，她竟打听出来了一个会修时钟的人，把他从远处请到家里，将那架新的拆开来，加了油，旋紧了某一个螺丝钉，弄了大半天。母亲请他吃了一顿饭，还用船送他回去。

于是姐姐的那架时钟果然非常准确了，几乎和母亲的一模一样。这在她是祸是福，我不知道。只记得她以后不再埋怨时钟，而且每次回到家里来，常常替代母亲把那架旧的用日晷来对准；同时她也已变得和母亲一样，一切都按照着一定的时间了。

我呢，自从第一次离开故乡后，也就认识了时钟的价值，知道了它对于人生的重大的意义，早已把憎恶它的心思一变而为喜爱的了。因为大的时钟不合用，我曾经买过许多挂表，既便于携带，式样又美观，价钱又便宜。

我记得第一次回家随身带着的是一只新出的夜明表，喜欢得连半夜醒来也要把它从枕头下拿来观看一番的。

"你看吧，妈，我这只表比你那架旧钟有用得多了，"我说着把它放在母亲的衣下。"黑角里也看得见，半夜里也看得见呢！"

但是母亲却并不喜欢。她冷淡地回答说：

"好玩罢了，并且是哑的。要看谁走得准、走得久呀。"

我本来是不喜欢那架旧钟的，现在给她这么一说，我愈加发现它的缺点了：式样既古旧、携带又不便利，而且摆置得不平稳或者稍受震动就会停止；到了夜里，睡得正甜蜜的时候，有时它叮叮敲着把人惊醒了过来，反之，醒着想知道是什么时候，却须静候到一个钟头才能听到它的报告。然而母亲却看不起我的新置的完美的挂表，重视着那架不合用的旧钟。这真使我对它发生更不快的感觉。

幸而母亲对我的态度却改变了。她现在像把我当做了客人似的，每天早晨并不催我起床，也并不自己先吃饭，总是等待着我，一直到饭菜冷了再热过一遍。她自己是仍按着时间早起，按着时间煮饭的，但她不再命令我依从她了。

"总要早起早睡，"她偶然也在无意中提醒我，而态度却是和婉的。

然而我始终不能依从她的愿望。我的习惯一年比一年坏了：起来得愈迟，睡得也愈迟，一切事情都漫无定时。我先后买过许多表，的确都是不准确的，也不耐久的；到得后来，索性连这一类表也没用处了。

但母亲却依然保留着她那架旧钟：屋子被火烧掉了，她抢出了那架旧钟，几次移居到上海，她都带着那架旧钟。

"给你买一架新的吧，不必带到上海去。"我说。母亲摇一摇头：

"你们用新的吧：我还是要这架用惯了的。"

到了上海，她首先拿出那架旧钟来，摆在自己的房里，仍是自己管理它。

它和海关的钟差不多准确，也不需要修理添油。只是外面的样子渐渐老了：白底黑字的计时盘这里那里起了斑疤，金漆也一块块地剥落了。

至于母亲，自从父亲去世后也就得了病，愈加老得快，消瘦下来，没有精力做事情。

"吃现成饭了，"她说，"一切由你们吧。"

她把家里的事情全交给了我和妻，常常躺在床上睡觉。

但是她早起的习惯没有改。天才一亮，她就起床了。她很容易饿，我们吃饭的时间就不得不和她分了开来。常常我们才吃过早饭，她就要吃中饭。她起初也等待我们，劝我们，日子久了，她知道没办法，便径自先吃了。

"一天到晚，只看见开饭，"她不高兴的时候，说。"我还是住在乡下好，这里看不惯！"

真的，她现在不常埋怨我们，可是一切都使她看不惯，她说要住到乡下去，立刻就要走的，怎样也留她不住。

"乡下冷清清的没有亲人，"我说。

"住惯了的。"

"把你顶喜欢的子孙带去吧。"

但是她不要。她只带着她那架旧钟回去。第二次再来上海时，仍带着那架旧钟。第三次，第四次……都是一样。

去年秋季，母亲最后一次离开了她所深爱的故乡。她自知身体衰弱到了极度，临行前对人家说：

"我怕不能再回来了。上海过老，也好的，全家在眼前……"

这一次她的行李很简单：一箱子的寿衣、一架时钟。到得上海，她又把那时钟放在她自己的房里。

果然从那时起，她起床的时候愈加少了，几乎一天到晚都躺在床上，而且不常醒来。只有天亮和三餐的时间，她还是按时的醒了过来。天气渐渐冷下来，母亲的病也渐渐沉重起来，不能再按时去开那架时钟，于是管理它的责任便到了我们的手里。但我们没有这习惯，常常忘记去开它，等到母亲说了几次钟停了，我们才去开足它的发条，而又因为没有别的时钟，常常无法纠正它，使它准确。

"要在一定时候开它，"母亲告诉我们说，"停久了，就会坏的，你们且搬它到自己的房里去吧，时时看见它就不会忘记了。"

我们依从母亲的话，便把她的时钟搬到了楼上房间里。几个月来，它也很少停止，因为一听到它的敲声的缓慢无力，我们便预先去开足了发条。

但是在母亲去世前的一个月里，我们忽然发现母亲的时钟异样了：明明是才开足二三天，敲声也急促有力，却在我们不注意中停止了。我们起初怀疑没放得平稳，随后以为是孩子们奔跳所震动，可是都不能证实。

不久，姐姐从故乡来了。她听到时钟的变化，便失了色，绝望地摇一摇头，说：

"文明用语病不会好了，这是个不吉利的预兆……"

"迷信！"我立刻截断了她的话。

过了几天，我忽然发现时钟又停止了。是在夜里三点钟。早晨我到楼下去看母亲，听见她说话的声音特别低了，问她话老是无力回答。到了下半天，我们都在她床边侍候着，她昏昏沉沉地睡着，很少醒来。我们喊了许久，问她要不要喝水，她微微摇一摇头，非常低声的说：

"不要喊我……"

我们知道她醒来后是感到身体的痛苦的，也就依从着她的话，让她安睡着。这样一直到深夜，我们看见她低声哼着，想转身却转不过来，便喂了她一点点汤水，问她怎样。

"比上半夜难过……"她低声回答我们。

我觉得奇怪，怀疑她昏迷了。我想，现在不就是上半夜吗，她怎么当做了下半夜呢？我连忙走到楼上，却又不禁惊讶起来：

原来母亲的时钟已经过了一点钟了。

我不明白，母亲是怎样听见楼上的钟声的。楼下的房子既高，楼板又有二层。自从她的时钟搬到楼上后，她曾好几次问过我们钟点。前后左右的房子空的很多，贴邻的一家，平常又没听见有钟声。附近又没有报时的鸡啼。这一夜母亲的房子里又相当不静寂，姐姐在念经、女工在吹折锡箔，间而夹杂着我们的低语声、走动声。母亲怎样知道现在到了下半夜呢？

是母亲没有忘记时钟吗？是时钟永久跟随着母亲呢？我想问母亲，但是母亲不再说话了。一点多钟以后她闭上了眼睛，正是头一天时钟自动地静默下来的那个时候。

失却了一位这样的主人，那架古旧的时钟怕是早已感觉到存在的悲苦了吧？唉……

27. 父亲的玳瑁

● 鲁 彦

在墙脚根刷然溜过的那黑猫的影，又触动了我对于父亲的玳瑁的怀念。

净洁的白毛的中间，夹杂些淡黄的云霞似的柔毛，恰如透明的妇人的玳瑁首饰的那种猫儿，是被称为"玳瑁猫"的。我们家里的猫儿正是那一类，父亲就给了它"玳瑁"这个名字。

在近来的这一匹玳瑁之前，我们还曾有过另外的一匹。它有着同样的颜色，得到了同样的名字，同是从我姐姐家里带来，一样地为我们所爱。

但那是我不幸的妹妹的玳瑁，它曾经和她盘桓了十二年的岁月。

而现在的这一匹，是属于父亲的。

它什么时候来到我们家里，我不很清楚，据说大约已有三年光景了。父亲给我的信，从来不曾提过它。在他的理智中，仿佛以为玳瑁毕竟是一匹小小的兽，比不上任何的家事，足以通知我似的。

但当我去年回到家里的时候，我看到了父亲和玳瑁的感情了。

每当厨房的碗筷一搬动，父亲在后房餐桌边坐下的时候，玳瑁便在门外"咪咪"地叫了起来。这叫声是只有两三声，从不多叫的。它仿佛在问父亲，可不可以进来似的。

于是父亲就说了，完全像对什么人说话一样：

"玳瑁，这里来！"

我初到的几天，家里突然增多了四个人，在玳瑁似乎感觉到热闹与生疏的恐惧，常不肯即刻进来。

"来吧，玳瑁！父亲望着门外，不见它进来，又说了。"

但是玳瑁只回答了两声"咪咪"，仍在门外徘徊着。

"小孩一样，看见生疏的人，就怕进来了。"父亲笑着对我们说。

但是过了一会，玳瑁在大家的不注意中，已经跃上了父亲的膝上。

"哪，在这里了。"父亲说。

我们弯过头去看，它伏在父亲的膝上，睁着略带惧怯的眼望着我们，仿佛预备逃遁似的。

父亲立刻理会它的感觉，用手抚摩着它的颈背，说："困吧，玳瑁。"一面他又转过来对我们说："不要多看它，它像姑娘一样的呢。"

我们吃着饭，玳瑁从不跳到桌上来，只是静静地伏在父亲的膝上。有时鱼腥的气息引诱了它，它便偶尔伸出半个头来望了一望，又立刻缩了回去。它的脚不肯触着桌。这是它的规矩，父亲告诉我们说，向来是这样的。

父亲吃完饭，站起来的时候，玳瑁便先走出门外去。它知道父亲要到厨房里去给它预备饭了。那是真的。父亲从来不曾忘记过，他自己一吃完饭，便去添饭给玳瑁的。玳瑁的饭每次都有鱼或鱼汤拌着。父亲自己这几年来对于鱼的滋味据说有点厌，但即使自己不吃，他总是每次上街去，给玳瑁带了一些鱼来，而且给它储存着的。

白天，玳瑁常在储藏东西的楼上，不常到楼下的房子里来。但每当父亲有什么事情将要出去的时候，玳瑁像是在楼上看着的样子，便溜到父亲的身边，绕着父亲的脚转了几下，一直跟父亲到门边。父亲回来的时候，它又像是在什么地方远远望着，静静地倾听着的样子，待父亲一跨进门限，它又在父亲的脚边了。它并不时时刻刻跟着父亲，但父亲的一举一动，父亲的进出，它似乎时刻在那里留心着。

晚上，玳瑁睡在父亲的脚后的被上，陪伴着父亲。

我们回家后，父亲换了一个寝室。他现在睡到弄堂门外一间从来没有人去的房子里了。

玳瑁有两夜没有找到父亲，只在原地方走着，叫着。它第一夜跳到父亲的床上，发现睡着的是我们，便立刻跳了出去。

正是很冷的天气。父亲记念着玳瑁夜里受冷，说它恐怕不会想到他会搬到那样冷落的地方去的。而且晚上弄堂门又关得很早。

但是第三天的夜里，父亲一觉醒来，玳瑁已在床上睡着了，静静地，"咕咕"念着猫经。

半个月后，玳瑁对我也渐渐熟了。它不复躲避我。当它在父亲身边的时候，我伸出手去，轻轻抚摩着它的颈背，它伏着不动。然而它从不自己走近我。我叫它，它仍不来。就是母亲，她是永久和父亲在一起的，它也不肯走近她。父亲呢，只要叫一声"玳瑁"，甚至咳嗽一声，它便不晓得从什么地方溜出来了，而且绕着父亲的脚。

有两次玳瑁到邻居去游走，忘记了吃饭。我们大家叫着"玳瑁玳瑁"，东西寻找着，不见它回来。父亲却猜到它那里去了。他拿着玳瑁的饭碗走出门外，用筷子敲着，只喊了两声"玳瑁"，玳瑁便从很远的邻屋上走来了。

"你的声音像格外不同似的，"母亲对父亲说，"只消叫两声，又不大，它便老远地听见了。"

"是哪，它只听我管的哩。"

对于寂寞地度着残年的老人，玳瑁所给与的是儿子和孙子的安慰，我觉得。

六月四日的早晨，我带着战栗的心重到家里，父亲只躺在床上远远地望了我一下，便疲倦地合上了眼皮。我悲苦地牵着他的手在我的面上抚摩。他的手已经有点生硬，不复像往日柔和地抚摩玳瑁的颈背那么自然。据说在头一天的下午，玳瑁曾经跳上他的身边，悲鸣着，父亲还很自然地抚摩着它，亲密地叫着"玳瑁"。而我呢，已经迟了。

从这一天起，玳瑁便不再走进父亲的以及和父亲相连的我们的房了。我们有好几天没有看见玳瑁的影子。我代替了父亲的工作，给玳瑁在厨房里备好鱼拌的饭，敲着碗，叫着"玳瑁"。玳瑁没有回答，也不出来。母亲说，这几天家里人多，闹得很，它该是躲在楼上怕出来的。于是我把饭碗一直送到楼上。然而玳瑁仍没有影子。过了一天，碗里的饭照样地摆在楼上，只饭粒干瘪了一些。

玳瑁正怀着孕，需要好的滋养。一想到这，大家更其焦虑了。

第五天早晨，母亲才发现给玳瑁在厨房预备着的另一只饭碗里的饭略略少了一些。大约它在没有人的夜里走进了厨房。它应该是非常饥饿了。然而仍像吃不下的样子。

一星期后，家里的戚友渐渐少了。玳瑁仍不大肯露面。无论谁叫它，都不答应，偶然在楼梯上溜过的后影，显得憔悴而且瘦削，连那怀着孕的肚子也好像小了一些似的。

一天一天家里愈加冷静了。满屋里主宰着静默的悲哀。一到晚上，人还没有睡，老鼠便吱吱叫着活动起来，甚至我们房间的楼上也在叫着跑着。玳瑁是最会捕鼠的。当去年我们回家的时候，即使它跟着父亲睡在远一点的地方，我们的房间里从没有听见过老鼠的声音，但现在玳瑁就睡在隔壁的楼上，也不过问了。我们毫不埋怨它。我们知道它所以这样的原因。

可怜的玳瑁。它不能再听到那熟识的亲密的声音，不能再得到那慈爱的抚摩，它是在怎样的悲伤呵！

三星期后，我们全家要离开故乡。大家预先就在商量，怎样把玳瑁带出来。但是离开预定的日子前一星期，玳瑁生了小孩了。我们看见它的肚子松瘪着。

怎样可以把它带出来呢？

然而为了玳瑁，我们还是不能不带它出来。我们家里的门将要全

140

锁上。邻居们不会像我们似地爱它，而且大家全吃着素菜，不会舍得买鱼饲它。单看玳瑁的脾气，连对于母亲也是冷淡淡的，决不会喜欢别的邻居。

我们还是决定带它一道来上海。

它生了几个小孩，什么样子，放在那里，我们虽然极想知道，却不敢去惊动玳瑁。我们预定在饲玳瑁的时候，先捉到它，然后再寻觅它的小孩。因为这几天来，玳瑁在吃饭的时候，已经不大避人，捉到它应该是容易的。

但是两天后，我们十几岁的外甥遏抑不住他的热情了。不知怎样，玳瑁的孩子们所在的地方先被他很容易地发现了。它们原来就在楼梯门口，一只半掩着的糠箱里。玳瑁和它的小孩们就住在这里，是谁也想不到的。外甥很喜欢，叫大家去看。玳瑁已经溜得远远地在惧怯地望着。

我们想，既然玳瑁已经知道我们发觉了它的小孩的住所，不如便先把它的小孩看守起来，因为这样，也可以引诱玳瑁的来到，否则它会把小孩衔到更没有人晓得的地方去的。

于是我们便做了一个更安适的窠，给它的小孩们，携进了以前父亲的寝室，而且就在父亲的床边。

那里是四个小孩，白的，黑的，黄的，玳瑁的，都还没有睁开眼睛。贴着压着，钻做一团，肥圆的。捉到它们的时候，偶然发出微弱的老鼠似的吱吱的鸣声。

"生了几只呀？"母亲问着。

"四只。"

"嗨，四只！怪不得！扛了你父亲的棺材，不要再扛我的呢！"母亲叹息着，不快活地说。

大家听着这话，愣住了。

　　"把它们丢出去！"外甥叫着说，但他同时却又喜悦地抚摩着玳瑁的小孩们，舍不得走开。

　　玳瑁现在在楼上寻觅了，它大声地叫着。

　　"玳瑁，这里来，在这里，"我们学着父亲仿佛对人说话似地叫着玳瑁说。

　　但是玳瑁像只懂得父亲的话，不能了解我们说什么。它在楼上寻觅着，在弄堂里寻觅着，在厨房里寻觅着，可不走进以前父亲天天夜里带着它睡觉的房子。我们有时故意作弄它的小孩们，使它们发出微弱的鸣声。玳瑁仍像没有听见似的。

　　过了一会，玳瑁给我们女工捉住了。它似乎饿了，走到厨房去吃饭，却不妨给她一手捉住了颈背的皮。

　　"快来！快来！捉住了！"她大声叫着。

　　我扯了早已预备好的绳圈，跑出去。

　　玳瑁大声地叫着，用力地挣扎着。待至我伸出手去，还没抱住玳瑁，女工的手一松，玳瑁溜走了。

　　它再不到厨房里去，只在楼上叫着，寻觅着。

　　几点钟后，我们只得把玳瑁的小孩们送回楼上。它们显然也和玳瑁似地在忍受着饥饿和痛苦。

　　玳瑁又静默了，不到十分钟，我们已看不见它的小孩们的影子。现在可不必再费气力，谁也不会知道它们的所在。

　　有一天一夜，玳瑁没有动过厨房里的饭。以后几天，它也只在夜里。待大家睡了以后到厨房里去。

　　我们还想设法带玳瑁出来，但是母亲说：

　　"随它去吧，这样有灵性的猫，那里会不晓得我们要离开这里。要出去自然不会躲开的。你们看它，父亲过世以后，再也不忍走进那两间房里，并且几天没有吃饭，明明在非常的伤心。现在怕是还想在这里陪伴你们父亲的灵魂呢。它原是你父亲的。"

我们只好随玳瑁自己了。它显然比我们还舍不得父亲，舍不得父亲所住过的房子，走过的路以及手所抚摸过的一切。父亲的声音，父亲的形象，父亲的气息，应该都还很深刻地萦绕在它的脑中。

可怜的玳瑁，它比我们还爱父亲！

然而玳瑁也太凄惨了。以后还有谁再像父亲似地按时给它好的食物，而且慈爱地抚摩着它，像对人说话似地一声声地叫它呢？

离家的那天早晨，母亲曾给它留下了许多给孩子吃的稀饭在厨房里。门虽然锁着，玳瑁应该仍然晓得走进去。邻居们也曾答应代我们给它饲料。然而又怎能和父亲在的时候相比呢？

现在距我们离家的时候又已一月多了。玳瑁应该很健康着，它的小孩们也该是很活泼可爱了吧？

我希望能再见到和父亲的灵魂永久同在着的玳瑁。

28. 父亲

● 鲁 彦

"父亲已经上了六十岁了，还想做一点事业，积一点钱，给我造起屋子来。"一个朋友从北方来，告诉了我这样的话。他的话使我想起了我的父亲。我的父亲正是和他的父亲完全一样的。

我的父亲曾经为我苦了一生，把我养大，送我进学校，为我造了屋子，买了几亩田地。六十岁那一年，还到汉口去做生意，怕人家嫌他年老，只说五十几岁、大家都劝他不要再出门，他偏背着包裹走了。

"让我再帮儿子几年！"他只是这样说，

后来屋子被火烧掉了，他还想再做生意，把屋子重造起来。我安慰他说，三年以后我自己就可积起钱造屋了，还是等一等吧。他答应了。他给我留下了许多造屋的材料、告诉我这样可以做什么那样可以做什么。他死的以前不久，还对我说：

"早一点造起来吧，我可以给你监工。"

但是他终于没有看见屋子重造起来就死了。他弥留的时候对我说，一切都满足了。但是我知道他倘能再活几年，我把屋子造起来，是他所最心愿的。我听到他弥留时的呻吟和叹息，我相信那不是病的痛苦的呻吟和叹息。我知道他还想再活几年，帮我造起屋子来。

现在我自己已是几个孩子的父亲了。我爱孩子，但我没有前一辈父亲的想法，帮孩子一直帮到老，帮到死还不足。我赞美前一辈父亲的美德，而自己却不能跟着他们的步伐走去。

我觉得我的孩子累我，使我受到极大的束缚。我没有对他们的永久的计划，甚至连最短促的也没有。

"倘使有人要，我愿意把他们送给人家！"我常常这样说，当我厌烦孩子的时候。

唉，和前一辈做父亲的一比，我觉得我们这一辈生命力薄弱得可怜，我们二三十岁的人比不上六七十岁的前辈，他们虽然老的老死的死了，但是他们才是真正的活着到现在到将来。

而我们呢，虽然活着，却是早已死了。

29. 太太与西瓜

● 萧　红

五小姐在街上转了三个圈子，想走进电影院去，可是这是最末的一张免票了，从手包中取出来看了又看仍然是放进手包中。

现在她是回到家里，坐在门前的软椅上，幻想着她新制的那件衣服。

门栏外有个人影，还不真切，四小姐坐在一边的长椅上咕哝着："没有脸的，总来有什么事？"

一个大西瓜，淡绿色的，听差的抱着来到眼前了。四小姐假装不笑，其实早已笑了："为什么要买这个，很贵呢。"心里是想，为什么不买两个。四小姐把瓜接过来，吩咐使女小红道：

"刀在厨房里磨一磨。"

淡绿色的西瓜抱进屋去，四小姐是照样的像抱着别人给送来的礼物那样笑着，满屋是烟火味。妈妈从一个小灯旁边支起身来摇了摇手，四小姐当然用不着想，把西瓜抱出房来。她像患着什么慢性病似的，身子瘦小得不能再瘦，抱个大西瓜累得可怜，脸儿发红，嘴唇苍白。她又坐在门前的长椅上。

五小姐暂时把新制的衣裳停止了幻想，把那个同玩的男人送给的电影免票忘下，红宝石的戒指在西瓜上闪光："小红，把刀拿来呀！"

小红在那里喂猫，喂那个天生就是性情冷酷黑色的猫，她没有听见谁在呼喊她。

"你，你耳聋死……"

"不是呀，刘行长的三太太，男人被银行辞了职，那次来抽着烟就不起来，妈妈怕她吃了西瓜又要抽烟。"四小姐忙说着，小红这次勉强算是没有挨骂。

西瓜想放在身后，四小姐为了慌张没有躲藏方便，那个女客人走出来看着西瓜了。妈妈说着：

"不要吃西瓜再走吗？"

小姐们也站起来，笑着把客人送走。

她们这回该集拢到厅堂分食西瓜来，第一声五小姐便嚷着："我不吃这样的东西，黄瓜也不如。"

抛到地板上，小红去拾。

太太下着命令叫小红去到冰箱里取那个更大的田科员送来的那个。

她们的架子是送来的礼物摆起来的！她们借别人来养自己的脾气。做小姐非常容易，做太太也没有难处。

小红去取那个更大的去，已经拾到手的西瓜被吐啦，舍不得的又丢在地板上。

站在门栏处送来礼物的人也在苦恼着。

"为我找了十元一月薪金厨夫的职业，上手就消费了三元。"

但是他还没听见五小姐说的"黄瓜也不如"呢。

（署名悄吟，刊于 1933 年 8 月 4 日长春《大同报》副刊《大同俱乐部》）

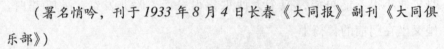

30. 好似几年样的挂念你们

● 张露萍

慈祥的妈妈伯伯：

今天又是三月二七号了，搬着指头数一数，小儿离开你们的膝前已将五月了。在这短短的数月中，使我感到好似几年样的挂念你们。所以我每时每刻都在为你们祈上天保你们的康健！

我的身体比在家时好多了，请你们勿念罢！因为我年纪很小，所以常常想家，尤其是晚上是常常不能安静的睡，总是梦着你们，念着你们！我亲爱的妈妈伯伯：在我接到你们要乘机回四川时的信，我真是说不出的高兴。但当我打电报到西安找吴永照时，他已经不在那里了，儿为了怕到西安想不到办法——没有了钱，所以只有不能去，到现在还是留在延安。儿在这儿的生活很好，每天上课是忙极了，因此没有很多的时间写信来问候你们，望你们恕儿罢！

两个多月的时间是容易过极了，因此我还是希望妈妈伯伯不要念我，毕业后我马上回来看望你们的慈颜！

虽然陕北现在已经是前线了，但是我们同学两千多人中没有一个怕的。因为，大家都相信百战百胜的八路军。这儿是他们训练了多年的边区，也就是他们的根据地。这儿的老百姓不能（论）男女老少都是有组织的，就是说都能打杖（仗）的。由于内战时的事实告诉我们，他们都是爱自由的人，不愿作奴隶。所以这次的抗战使他（们）更兴奋，更努力，都愿意打日本。再加这儿地势的复杂、崎岖，使日本机械化的军队是没法的，飞机吗？更无用。我们住的都是山洞，他拿着简直没法。同时为了我们的环境恶劣，所以我们的学习更加强了。希望你们不要担心罢。中国人民的军队的八路军和边区亲爱的同胞们是会保护你们的孩子的！你们一定不要怕！两个月后你们依门接你们亲爱的小儿罢！

我亲爱的妈妈伯伯！时间不早了，我们还要开小组会。

还告诉你们个好消息：你们的孩子每天能背三十几斤重的包裹爬八十几里的山路了，你们高兴吗？

祝

安康

你们的孩子英　敬禀

阳历三月二七

31. 第一次去打猎

◉ 布拉克

在一个庄严的日子里，*14岁*的杰里米第一次去打猎。

其实，他并不喜欢打猎。自从父亲给他买了支猎枪后，父亲常教他向泥鸽子瞄准射击，并说要带他到海湾小岛去打猎。对这件事情他并不感兴趣。但是为了不让父亲失望，他是一定要去的。因为他爱父亲，他希望能得到父亲的赞扬。

他和父亲来到海边的埋伏点时，天已经亮了。在海湾的远处，一长串野鸭在冉冉上升的旭日下一掠而起。他想平静自己的情绪，他先是以水面为背景给父亲拍了一张照片。然后，他把照相机放在架子上，慌乱地拿起猎枪，做好打猎前的准备。

父亲说："上子弹吧，有时它们会一下子飞到你的头顶上。"突然，父亲停止说话，身体前倾，眯着眼睛说"有一群野鸭向这边飞来，低下你的头，待它们飞过时我叫你。"

杰里米望着父亲，他看到父亲紧张而热切的表情，枪口上有一层微白的霜。他的心跳得厉害，期望开枪的时刻不要到来，野鸭也不要往这边飞。

可是野鸭却在不断地向这边飞来。

"四只黑的"父亲说，"还有一只马拉特鸭。"

此时，杰里米已听到野鸭在空中振翅的呼啸声，同时也看见它们张大翅膀开始兜圈子。

父亲向他低语："准备。"片刻又传来父亲响亮的命令："打吧！"

杰里米机械地服从着父亲的命令，他站起来，像父亲教给他的那样仰身瞄准。这时，野鸭群发现了有人向它们瞄准，纷纷四散飞走。

过了一会，那只马拉特鸭又飞了回来。它在空中逗留了几秒钟。杰里米想扣动扳机，结果他的手指却没有动，这只野鸭也飞走了。

"怎么啦？"父亲问。

杰里米双唇颤抖，没有回答。

"怎么不开枪？"父亲又问。

杰里米关上保险，把枪小心地放在地上。

'它们活生生的，我不忍心看见它们死在我的枪下。"他说着便哭了起来。他知道自己让父亲高兴的努力失败了，他已经失去了机会。

父亲好一阵子没有说话，只是蹲在杰里米身边。

过了一会儿，他对杰里米说："又来了一只，试试看吧。"

杰里米没有放下掩脸的手，他说："不行，爸爸，我不打。"

"快点，来，不然它会飞走的。"父亲喊着。

杰里米感到一件硬东西触到他，他睁开眼睛，原来父亲给他的不是猎枪，而是照相机。

"快！"父亲和蔼地对他说，"它不会老在那里的。"

杰里米的父亲拍手的声音很大，惊得那只野鸭抬头振翅飞走了。

杰里米放下相机说："我拍到它了！"他神采飞扬地对父亲说。

"是吗？很好。"父亲拍拍杰里米的肩膀。杰里米在父亲的眼睛里没有看到失望的神情，他看到了自豪、理解和爱意。

"没问题，孩子，我是向来爱打猎的，但你不一定要有这种爱好。决定不做一件事情也需要勇气。"父亲笑着对杰里米说："现在你来教我拍照好吗？"

32. 监狱

● 巴拉克

在我 12 岁生日那天，他父亲邀我一起到监狱去。他挨个进入每一牢房，给一个个犯人就诊。对待那些人——他们大多是酒精中毒或肺炎——他也是非常讲究，每检查好一个病人都用肥皂洗手。在把听诊器贴到病人胸部之前，他用嘴把金属听诊器呵热，仔细地用手掌按放听筒圆盘，以使他的手指和拇指根部能直接贴到病人皮肤上。"你要接触他们。"父亲解释说："有时候这就是你所能做的，除了所有的需要外，他们需要的是同情。"

面对有难度的诊断，父亲总是微微地说些什么："看上去像是……"或"使我想起……"我当然不会答应这些具有修辞色彩的自言自语。但有一次我却答应了。那是在急诊室里。父亲正在给一位因车祸而致伤的病人检查胸腔。他有几根肋骨折断。

"现在我们这儿有什么？"父亲轻声自言自语道。"就像撑开的伞，里边的骨头都断了。"我大声说道。父亲把手按在我的手上："他醒着，你知道，我肯定他听到你说的话了。"

父亲曾对我说；"许多时候，你什么也不能做，但有一点除外——要多说些同情的话。"他认为，这对病人及他们的家属有着极大的价值。

"为什么每个人都得死呢？"我问道，"这不公平，要公平的。"他纠正道，"这是人的一部分。如果不这样，那将更糟。人就像旧画。它们可以暂时得到修复，但总要消失。此外，人们比你想像的要勇敢得多。"在我 15 岁生日前，父亲在诊所里倒了下去，两天后便去世了。

自此以后，我开始了医学生涯。大学毕业后，我到纽黑文的一家医院工作。一次，一个患腿溃疡的病人躺在检查台上。我作了自我介绍。

"过去在特洛伊有个医生。"他说，"和你的名字一样。我还是个孩子的时候——大约 20 多年前，他治好我的脚气。"此时此刻，我的眼睛模糊了，我眼前的所有东西似乎都在跳动，在闪光。

'他是我的父亲。"过了一阵后我说道。

"一位很好的医生。"他说，"一个好人。"接着又说："你认为能治好吗，医生？"

"行!"我对他说，"伤一定能治好，我可以保证。"

33. 善良的爸爸

◉ 海明威

我至今不能忘怀的那个人是个善良、纯朴和胸襟开阔的人……我们总是叫他爸爸，这倒并不是怕他，而是因为爱他。我所了解的那个人是个真正的人……

我这就给你们谈谈他的情况。

秋天，打野鸭的季节开始了。多亏爸爸对妈妈好说歹说，妈妈才答应我请几个星期假，不去上学，这样我又多逍遥了一段时间。……那年秋天，有许多人来同我们一起打猎。其中我最喜欢的是加莱·古柏。我看过他拍的好多影片，他本人不怎么像他所扮演的那些角色，他极其英俊，为人温和可亲，彬彬有礼，有一种与众不同的生来就有的高尚气度。我记得有一次打猎后我们决定去买些东西，进了一家商店，有一位老太太认出了古柏，要求他签名留念：

"古柏先生，我是那样地喜欢您的影片。您知道是什么原因吗"因为您在所有影片里都是一模一样的。"古柏只是笑了笑，签好名后对她说："谢谢您，太太。"

要是人家对一个演员讲，他在各部影片里都演得一模一样，这很难说是恭维。可爸爸发誓说，古柏对话语中这种微妙的差别一向辨别不出来。我想未必见得。否则为什么爸爸尽管很喜欢谈关于这个老太婆的故事，可是只要古柏在场，就绝口不提这事呢。

每当吃午饭的时候，菜都是用我们猎获的野鸡做的。爸爸总是同古柏久久地交谈，不过基本上都是闲聊，谈谈打猎和好莱坞什么的。虽然从气质上来说，他们两人毫无共同之处，但是他们的关系却亲密得融洽无间，他们两人从相互交往中都得到了真正的欢乐，这从他们谈话时的声调、眼神，就可以看出这一点。他们周围只有妻子儿女，并无一个需要使之留下强烈印象的人，——这倒是很好的。本来用不着讲这些，但要知道他们俩都是大人物，已习惯于出人头地，有时是自觉的，有时是不自觉的。他们俩都是时代的英雄和崇拜的偶像。他们彼此从未竞争过，也没有必要竞争。两人那时都已达到了顶峰。

许多人都断言，跟古柏在一起很可能会感到枯燥乏味。我虽然还是个孩子，我可一点也没有这种感觉。我也不认为他是"跟所有的人一样"或者相貌虽然漂亮，但漂亮得很一般的一个来到好莱坞的"风度翩翩的先生"……

古柏用来福枪射击非常出色，跟我父亲射得一样好，甚至更好，但是当他手里握着一支普通的猎枪时，那种本来有利于射击的镇静和信心，反而使他成为一个动作迟钝的射手。爸爸的情况也是如此，如果他是个职业猎手的话，倒是出色的，但作为一个业余猎手，却是平凡的。的确，爸爸还有麻烦事，他的视力有问题，他要戴着眼镜才能看清野鸡，这需要花很长时间，结果本来轻而易举就可射中目标却变得困难了。这就像打垒球一样，站在场地最远的一个垒里，一球飞来，迟迟不接，最后只好在一个不可思议的跳跃中去接住球，而本来只要及时奔过去就可轻而易举地把球接住的。

这次到森瓦利来的还有英格丽·褒曼。我第一次看到褒曼是在一个星期天，她容光焕发，脸上简直射出光来。我曾经看过她的影片《间奏曲》。那次是特地为我父亲试映。她本人比在影片中要美丽得多。

有一些女演员能够使自己的影迷在一段时间内对她们神魂颠倒。但是褒曼却可使这种神魂颠倒持久不衰。

嗬！要走到她身边几乎是不可能的，像霍华德·霍克斯。加莱·古柏或者我父亲总是团团地围住她。看到他们当她在场时那种精神百倍的样子，真是好笑。

秋天过去了，我必须回到基韦斯特，回到温暖的地方，回到妈妈身边，回到学校去了……

我满十八岁了，已中学毕业，我想考大学，我在反复思考我的前途……

当然，我是有打算的，我在中学成绩不错，因此基本上可以考取任何一个大学……但是我最想当的是海明威笔下的主人公。

然而，海明威笔下的主人公应该是个什么样的人呢？这可以通过分析海明威的全部作品来求得答案。但归根结蒂，有个最简单的答案，海明威笔下的主人公就是海明威本人，或者说是他身上最好的东西。然而要过海明威那样的引人入胜的生活方式，就要在最困苦的情况下也能表现得轻松自如，高尚风雅，而同时又能赚钱养家活口，还必须有本事把这一切都写出来。而要进入这种美好生活的通行证是天才，天才是与生俱来的。此外，还要掌握写作技巧，这是可以学到手的。我决定当一个作家。今天我讲这话很容易，可当时却是极其困难的。

"爸爸，在你小时候，哪些书对你影响最大？"有一次在哈瓦那过暑假时我问他。

我的问题使爸爸十分高兴，他给我开了一张必读书的书单。于是我开始了学习。爸爸建议我说："……好好看，深入到人物的性格和情节发展中去，此外，当然罗，看书也是一种享受。"

在哈瓦那度过的那年夏天，我读完了爸爸喜欢的全部小说，从《哈克贝里·芬历险记》到《一个青年艺术家的肖像》。有时，我也像爸爸一样，同时看两、三部小说。此后爸爸就要我阅读短篇小说大师莫泊桑和契诃夫的作品。

"你别妄想去分析他们的作品，你只要欣赏它们就是了，从中得到乐趣。"

有天早晨，爸爸说："好吧，现在你自己试着写写短篇小说看，当然罗，你别指望能写出一篇惊人的小说来。"

我坐到桌子旁，拿着爸爸的一支削得尖尖的铅笔，开始想呀，想呀。我望着窗外，听着鸟啼声，听着一只雌猫呜呜地叫着想和鸟作伴，听着铅笔机械地在纸上画着什么所发出的沙沙声。我把一只猫赶走了，但立刻又出现了另一只。

我拿过爸爸的一只小型打字机来，他那时已不用这只打字机了。我慢慢地打出了一篇短篇小说，然后，拿给父亲看。

爸爸戴上眼镜，看了起来。我在一旁等着。他看完后瞅了我一眼。"挺好，吉格。比我在你这个年纪时写得强多了。只有一个地方，要是换了我的话，我是要改一改的。"接着他给我指出了需要修改的地方，那是写一只鸟从窝里摔了下来，突然，谢天谢天，它发现自己张开翅膀站着，没有在石头上摔得粉身碎骨。他讲：

　　"你写的是：'小鸟骤然间意想不到地明白了：它是可以飞的。''骤然间、意想不到'不如改成'突然'的好，你应当力求不要写得啰里啰嗦，这会把情节的发展岔开去。"爸爸微微一笑，他好久没有对我这样笑过了。"你走运了，孩子，要写作就得专心致志地钻研，律己要严，要有想象力。你已经表明你是有想象力的。你已经做成功了一次，那你就再去做成功一千次吧，想象力在相当长的时间内是不会离弃人的，甚至永远也不会离弃。"

　　"我的天哪，在基韦斯特，日子真是难过，"他接着说，"不少人把他们的作品寄给我，我只消看完第一页就可以断定：他没有想象力，而且永远也不会有。我回信时，总是在每封信上讲明：要掌握写作的本事，而且还要写得好，那是一种很侥幸的机会，至于要才气卓绝，就更像中头彩一样了，一百万人中只有一个人交此好运。如果你生来缺乏这种才气，无论你对自己要求多么严，哪怕世界上的全部知识你都掌握，也帮不了你忙。如果来信中提到什么'大家讲，我可以成为一个出色的工程师。但是，我却很想写作'这类话，那我就回答他：'也许大家讲对了，您确实很可能成为一名优秀的工程师，您还是忘掉想当个作家的念头吧，放弃这个念头会使您感到高兴的。'

　　"这类信我写过几百封。后来，我的回信越来越简略了，只说写作是件艰苦的事情，如果可能，还是别卷进去的好，也许人们会这样埋怨我：'这个自以为了不起的狗娘养的，十之八九的我写的东西他连看也没看。他以为既然他会写作，那么写作这件事就不是人人都干得了的了。'

　　"主要的是，孩子，现在我能够指导你了，因为看来可能不会白费工夫。我可以毫不狂妄地说，这个行当我是了如指掌的。

　　"我早就想少写点东西了，现在对我来说写作不像过去那么容易了，但是我如果能对你有所帮助，这对我来说就像自己写作一样幸福。

155

让我们来庆祝一番吧。"

我记得，只有一回爸爸对我也这么满意，那是有一次我在射击比赛中同一个什么人分享冠军的时候。当我的短篇小说在学校的比赛中得到一等奖时，他深信，我们家里又出了一个头面人物。

其实，应当获得这份奖金的是屠格涅夫，这是他的短篇小说，我不过是抄了一遍，仅仅把情节发生的地点和人物的名字改了改。我记得，我是从一本爸爸没来得及看完的书里抄下来的，我说他没看完是因为剩下好些书页还没有裁开……

他发现我的剽窃行为时，算我运气好，我没在他身旁，后来别人告诉我，有个人问他，你儿子格雷戈里在写作吗？"是呀，"他马上得意地回答说，并禁然一笑，这是他那种职业性的笑容，总是能使人入迷。"格雷戈里算是开出了张支票，虽然他写得不怎么的。"不消说，大家对这件事嘲笑了一番。

爸爸常常讲，他在动笔之前，总是能清楚地意识到句子是怎么在他的头脑中形成的。他总是试着用各种不同的方案来写这句句子，再从中选出最好的方案。他指出，当他笔下的人物讲话时，话就滔滔不绝地涌出来。有时，打字机都跟不上他们的讲话。因此我不懂，爸爸在四十年代末和五十年代时为什么要写信给批评家说…··作家的劳动是一种"艰苦的行当"等诸如此类的话，指望用这些话来引起他们对他的怜悯。

现在我懂得了，爸爸是指他写作起来已不如以前那么轻松自如。过去是一口喷水井，而现在却不得不用抽水机把水抽出来。他对语文的非凡的敏感并没有背弃他。而且，不消说他更富有经验，更明智了。然而他早先那种无所顾忌的态度却已丧失殆尽。世界已不再像流过净化器那样流过他的头脑，他如果在净化器里净化一番的话，他就更加是个真正的、优秀的人了。他已不再是诗人……他变成了一个匠人，埋怨自己的命运，叹息他的打算成了泡影。

其中只有一个不长的时期是例外，那时有一位出生豪门的意大利少妇来访问爸爸在古巴的田庄，爸爸对她产生了柏拉图式的倾慕之情，于是创作的闸门重又打开了。在此期间，爸爸写完了《老人与海》，以及他未完成的作品《海流中的岛屿》的第一、三两章，诺贝尔奖金基金委员会指出，他对人类的命运充满忧虑，对人充满同情，并认为这是"创作的发展"。这一切乃是他那种新的幻觉的结果。这种新的幻觉是：他意识到自己才气已尽，不知该怎样才能"在现实中"生活下去，因为他是知道其他许多几乎不具备天才的人是如何生活的。

他总是竭力要赢，输他是受不了的，他经常对我说："孩子，成功是要靠自己去争取的。"或者说："你知道赌博的方法吗？要一刻不停地行动。"也许，他在才气已尽的情况下，懂得了赌博的方法，输赢全凭命运。

他一生可谓应有尽有。年轻时他像电影明星一样漂亮，经常被女人所包围。她们那种崇拜他的样子，非亲眼目睹是决不会相信的。他天生极为敏感，身体非常强壮，精力充沛，为人又十分乐观，这就可以使他不顾惜自己的身体，却很快就能从肉体和精神的创伤中恢复过来。而这种创伤如果是意志比较脆弱的人遭受到，就很可能把他们毁了。他是一个想象力非常丰富，同时又具有健全的思维能力，遇事能冷静思考的人——像这么些品质能兼备于一身是很罕见的。因此他的成功几乎是自然而然的事。遗传方面的有利条件使他在受到濒临死亡的重伤之后还能康复如初。

可是，像他这样的人在《丧钟为谁而鸣》问世后，发觉自己的才华每况愈下，就变得动辄发怒，无法自制，这是不是应当感到奇怪呢？如果一个人具有上述的种种品质，而且又善于把因为具备了这些品质才得以理解的东西描绘得栩栩如生，那是不可能表现出夸大狂的。但如果才气耗尽后，却完全有此可能。

后来，犹如小阳春一样，他的天才又回来了，从而孕育出了一部杰作，规模虽然不大（因为短暂的小阳春天气来不及产生大规模的作品），却充满了爱、洞察力和真理。但随后就是——而且永远是——漫长的秋天和严寒的冬天了。

要是你们在我爸爸年轻时就认识他的话，不会不爱他，不会不钦佩他，可是等他到了老年，你们就只会难过地回忆起他的过去，或者只会可怜他，因为你们记得他年轻的时候是多么地美好！

他是无论如何也不会去找那种可以眼看自己日益衰老而无动于衷的职业的。但凡是具有他那样的才华，具有他那样的对生活的洞察力和深刻、丰富的想象力的人，恐怕也很难做到这一点的吧……

34. 最后一支舞

● 里克·奈尔斯

我小时候最重要的工作之一就是帮忙捡薪柴。我爱这差事。通常都是我和父亲到森林里去劈砍薪柴，我们两个男人完全不输给健壮的伐木工人。我们分担彼此的工作，使我们的家人获得温暖。没错，他教我要做个养家的人，那是种很美好的感觉！我们常打赌我能在五百斧内，把一大块结节的老树干劈开，我使劲去砍，大多时候我赢了，但是我想那是因为他总是给我很多机会，因为他看到柴块终于裂开时，最后那一斧（第499斧）强力的劈砍，我是多么得意而快乐。然后，我们流着汗水，在严寒中将一雪车的木柴拉回家，走向有美食及温暖舒服的炉火旁。

　　我一年级时，常在礼拜二晚上和父亲一起看电视，常看的节目有：《韦艾特尔普》（Wyatt　EarP）、《夏安族人》（Cheyenne）、《独行者》（Marerick）、《糖塔》（SugarLoaf）。他让我彻底相信过去曾经和某些剧中的演员骑过马，因为他总是在事情发生前告诉我，使我深信不疑，他说他太了解他们，因而能预知他们的行动。我好得意，因为父亲曾是个牛仔，而且还跟最好的牛仔骑过马。我到学校向朋友炫耀，他们取笑我，认为我父亲吹牛，我为了维护他的名誉，便常和他们打架。有一天我被揍得鼻青脸肿的，父亲看到我撕裂的裤子和破皮的嘴唇，就把我拉到一边，问我怎么回事。最后，他也只好实话实说，我虽然觉得很难堪，但还是很爱他。

　　我十三岁时，父亲开始打高尔夫球，我是他的球童，只要我们远离俱乐部，他会让我挥几杆，我也因此迷上了高尔夫球，而且打得很好。有一次父亲带两个朋友一起去打球，我们还联手打败对方，我笑逐颜开，我们真是同心协力，合作无间。

　　父母的次爱是跳舞，（至爱是我们这群孩子）他们一起跳舞时真是一对璧人，舞厅里的群众戏称父母是舞林里最佳的 M&M 组合（父亲名马文（Marvin），母亲名马馨（Marxine）），跳舞使他们美梦成真，他们专心跳舞时春风满面，我和两个姐姐南西和茱莉也都常跟着参加婚礼舞会，一家人都很狂热。

　　每逢周日早晨礼拜后，父亲和我便负责准备早餐，在煮燕麦片和葡萄干时，我们就在母亲刚打完蜡、洁净无瑕的地板上练习踢踏舞，而她也从没抱怨过。

　　随着我年纪渐长，我们的关系也似乎愈来愈疏远。进入高中时，课外活动就占去我很多时间，我的同党也都是运动员和玩音乐的高手，我们常一起运动、在乐团里玩乐器、追女孩。我记得父亲开始上夜班，不再参加我的活动时，我觉得难过又寂寞，只好沉浸在曲棍球和高尔夫球中，我当时气忿的态度是："等着瞧吧！没有你在，我还是一样能出类拨萃。"我还同时担任曲棍球及高尔夫球球队队长，但他从没来看过我比赛，他的漠不关心似乎让我生命更失望、灰心，我需要他，难道他都不知道吗？

喝酒也逐渐成为我社交的一环，父亲不再像个英雄，充其量也只是个不了解我的人，他根本不知道我正心烦意乱。有时我们两个都喝了酒，酒酣耳热之际，似乎也拉近我两人的距离，只是过去那种特别的感觉已不存在。从我十五岁到二十六岁，我们从没对彼此说过我爱你，整整有十一年呢！

有一天早上，父亲和我正准备去上班，他在刮胡子时，我注意喉头隆起成块，我问："爸，你脖子上长什么了？"

"我不知道，今天我要去看医生才知道。"他说。

那天早上，我第一次看到父亲面露惧色。

诊断的结果是癌症，接下来的四个月，我看着父亲日渐消瘦，眼前的一切似乎很茫然。他一向都很健康，所以看到他从一百六拾五磅重瘦到一百一拾五磅的皮包骨，实在令人难以忍受。我试着亲近他，但他大概心事重重，无法注意我或理会彼此的感情。

事情似乎一年不变，直到圣诞夜。

那晚我到医院时，才知道母亲和姐姐整天都在那里。我接手，让他们回家休息，走进病房时父亲正在睡觉，我便安静地坐在病床旁的椅子上，偶尔他会醒来，但他相当虚弱的喃喃自语，我听不出他想说些什么。

大约是晚上十一点半，我有点困了，就躺在医院的简便小床上睡觉。突然间，父亲叫醒我，他叫着我的名字："里克！里克！"我坐起来，看到父亲坐在床上，脸上有着坚决的表情。"我现在想跳舞，我想跳舞。"他说。

起先我不知道该说什么或做什么才好，我只是呆呆坐在那里，然后他坚持："我要跳舞，拜托，儿子，我们跳最后一支舞吧！"我走到床边，稍微弯身邀请了："爸爸，你能跟我跳舞吗？"令我惊讶的是，我几乎不需扶他下床！他的力量必是来自上帝的恩赐！我们手牵手，互拥着对方，在病房内婆娑起舞。

没有任何语言足以形容那夜我们共享的爱及能量，我们合而为一，在真爱及对彼此的了解和关心中融为一体，我们这一生似乎都共享珍贵的时候——踢踏舞、打猎、钓鱼、打高尔夫，那些景象似乎都历历在目，时间并不存在，我们不需要录音机或收音机。因为所有已存在的歌曲或未来将出现的歌曲，都在空中演奏，那窄小的病房比我跳过舞的任何舞厅都大，我从没见过父亲的眼睛闪着哀伤的喜悦，我们热泪盈眶地跳着舞，因为我们正在道别，时间所剩不多，但我们再度感到彼此坚定的爱是多么伟大。

我们停下来时，我扶父亲躺回床上，因为他已筋疲力尽，他紧抓住我的手，目不转睛地看着我说："谢谢你，我真高兴今晚有你陪我，这对我实在意义重大。"第二天是圣诞节，父亲过世了。

圣诞夜的最后一支舞是上帝赐给我的礼物，让我知道父子之间的爱可以那么强烈，那么有意义，这真是幸福和智能的礼物。

爸，我真的很爱你，期待在天国的舞厅里的下一支舞。

35. 幸运的女孩

◉ 凯莉·瓦特金斯

我三岁时父亲过世，七岁时母亲再婚，我变成世上最幸运的女孩。

你知道吗？之前我对父亲的人选精挑细选，当妈妈和"爸爸"约会一阵子后，我跟妈妈说："就是这个人，我们接受他吧！"

妈妈和爸爸结婚时，我当花童，单单这件事就够奇妙了，有多少人能说他们曾参加自己父母的婚礼（而且真的走上红毯）？我爸爸很以自己的家庭为傲（两年之后，我们家添了个小妹妹）。不太认识我们的人会对母亲说："查理跟你们母女在一起，看起来总是很得意。"但不只是在外而已，爸爸还很欣赏我们的聪明、信仰、常识及对人的爱（还有我可爱的笑容）。

好景不常，就在我满十七岁之前，可怕的事发生了。爸爸生病，医生检查了几天，也找不出原因，"如果像我们这样彻底的检查都找不出毛病，他一定是没问题。"他们就告诉爸爸可以回去工作了。

第二天他下班回家时，泪流满面，我们才知道他病得很严重，我从未见过父亲哭泣，因为他认为哭是懦弱的表现（这就形成一种有趣的关系，因为我是个荷尔蒙主导的少女，看到什么就哭，连贺氏卡片的告诉也不例外）。

最后，我们还是把爸爸送进医院，这才诊断出他得的是胰脏癌，医生说他随时可能离开人世，而我们更清楚，他至少还有三周的时间，因为下周是我妹妹的生日，再下周是我的生日，父亲会抗拒死亡，向上帝祷告来获取力量，撑到我们的生日之后。他不会让我们往后的生日都带着难受的回忆。

当有人面临死亡时，其他人的日子还是得照常过下去。爸爸非常希望我们的生命还是照旧，我们则希望维持生活中有他，妥协的结果是，我们同意继续进行"正常"的活动他则尽量参与，即使是人在医院。

有一天，我们看到父亲从病房中出来，与父亲同病房的人也跟着从后面走到走廊。"你们在这里时，查理一直都很安静，好像没什么问题，但我想你们不了解他有多痛苦，他只是尽力忍受掩饰而已。"

母亲回答："我知道他在掩饰，但他就是这样，他不要我们难过，他知道我们看到他痛苦时会很伤心。"

母亲节时，我们把所有礼物都带到医院，爸爸在医院大厅等我们（因为妹妹太小，不能进入他的病房）。我帮他买礼物，让他送给妈，我们就在大厅角落愉快地小小庆祝一番。

第二周是妹妹的生日，爸的病情不太乐观，不方便下楼，所以我们就拿礼物和蛋糕在他那层楼的等候区庆祝。

接下来的周末是我的舞会，按惯例先在我家及舞伴家照过相后，我们到医院去，没错，我就穿着有箍衬的拖地长礼服走过医院（差点挤不进电梯。）我有点不好意思，但看到爸爸脸上的表情，我知道这一切都值得，他已经等了这么多年，等着看他的小女孩参加第一次舞会。而妹妹的年度舞蹈发表会前一天通常会有正式彩排，此时家人可尽量照相，彩排后，我们当然又去了医院，妹妹穿着舞蹈服装昂步踏过走廊，跳舞给爸看，虽然爸那样找节拍让他的头相当痛，但他从头到尾还是都保持着笑容。

我生日那天，因为爸无法离开房间，我们就偷偷把妹妹带进去（护士善良地故意不看我们）。我们一起庆祝，但爸的状况已经不太乐观，该是他走的时候了，但他仍坚持到底。

那晚，医院打电话来，说爸的病情急剧恶化，几天后，他就离我们而去了。

从死亡中最难学的功课便是日子仍得过下去，爸坚持我们要好好活下去，直到末了，他仍关心我们，以我们为荣。他临死的要求是，下葬时将一张全家福放在他的口袋中。

36. 三多老爹的续弦

● 伊巴涅思

一

　　培尼斯慕林是一个在伐朗西亚海岸上的睡梦中的西班牙村子。在一片橄榄树和葡萄园多得数不尽的大地上，有像鸟儿停着休息般的雪白的墙垣跟乌黑的屋顶，有一座教堂的盖着红瓦的钟楼。这是一个摩尔人的村子，还遗留下颓废的，古老的城墙。培尼斯慕林！一个像西班牙所有的村庄一样的村庄——一个退步的，沉闷的，不变的，图书般的村庄——是偏见和传说，如火的热情和不死的仇恨的出产地。什么世界大事，生活简单的乡民是一点也不管它的；他们只知道自己的爱情，怨恨，和互相发展着的你争我夺的野心。培尼斯慕林——是玛丽爱达，地痞多尼，三多老爹，和几千个像他们一样的人物的家乡。

二

　　三多老爹已经将他要做的事情宣布了。他快要第二次结婚了。

　　你要是想明白这一种混乱的情形，这一件在培尼斯慕林发生的新闻，那么就应当知道，这一个死了老婆的人，三多老爹是那个地方纳税最多的公民领袖；并且还应知道，那未来的新娘就是村里的美人玛丽爱达，不过她是一个车夫的女儿。她的嫁妆呢？啊，这就是她的嫁妆：一张迷人的、褐色的脸儿，一双像宝石样的在长长的睫毛下面闪着光的、乌黑的眼睛，一缕缕用小木梳梳到鬓边的煤一般黑的、明亮的鬈发。

　　整个培尼斯慕林的人都诧异得了不得，愤怒得了不得。人人都谈起了这一件事情。到了那么大的年龄，却还会去娶这么一个小娃儿！世界可不是变了吗？那位三多老爹，他是半个镇上的产业所有者；在地窖里有一百桶好酒，在谷仓里有五头骡子！这些东西都要给谁拿去了？不是一个大家的闺女，却是一片路旁的破瓦——玛丽爱达是一个车夫的女儿，那个小东西从前过的是偷盗的生活，如今长大了，却很情愿在别人家里帮帮忙，混口饭吃！说起多玛莎夫人，三多老人的第一个妻子，她是怎样的一个人呢？她拿来了马育尔街的住宅和她的田地都给了她的丈夫。在她活着的时候，她还在那一个寝室里置办好了一切她引以为骄傲的家具。现在这些东西可都要送给一个街上的流浪人——从前她为了基督的慈悲，还常叫那个家伙到厨房里来吃饭呢——想到了这事情，她可不要在坟墓里跳起来？

年纪到了五十六，还要为爱情而结婚！这个老傻子可不是疯了？你看他，那女子无论说一句什么话他都同意，脸上还露着愚蠢的笑容，在两道浓眉下面给人勉强看得出来的灰色的小眼睛里还显着有病的闪光呢！

培尼斯慕林人讨论了一星期之后，便断定三多老爹是已经疯了。礼拜天看见了教堂里挂出来的结婚公告时，他们几乎要骚动起来。那儿还有几个多玛莎夫人家里的男子。望过了弥撒以后，他们咒骂得多厉害！是呀，这简直是明目张胆的抢人，先生。多玛莎把所有的产业都给了她丈夫，因为她以为他是永远不会把她忘却的，他会永远地对她的记忆很忠实的。现在那个老混蛋是干的什么事？拿一切产业完全去交给另外一个女人——一个那么年轻的女人！他是五十六岁了！这一种事情会在世界上发生，那简直是"王法"也没有了！告他的状，将嫁妆争回来吧？这样要好得多！但是照了维山德那位牧师所说，现在的法庭是靠不住的了。要是加洛斯先生当权，那么……或许！

那些人都自以为直接受到了这种已经提出了的婚姻的伤害，因此都在街头的咖啡店里叽咕着；每一个人都叽咕着，连那些有钱人家的女孩儿也免不了——她们都很愿意拿她们美丽的嫩手献给那个衰老的夏洛克，现在可不忍看见他将财产都给了一个流浪人。

而且全城的人都知道，玛丽爱达还有一个爱人。那个地痞多尼小时候也像她一样的是一个流氓；近来是做了一个酒店附近的游民，到现在他还一心一意地爱着她。其实，只要等到那个地痞能做一点工，能丢开他所结交的那般朋友的时候，这一对废料便可以结婚了。因为多尼最亲密的朋友就是从邻近村上来的，名字叫做提莫尼的那个风笛手。那人每星期至少要来看他一次，他们两个碰到一块儿便会同到什么小酒店去畅饮一番，随后便去睡到什么人家的谷仓里。

多玛莎夫人的亲属忽然看中了这个地痞。他们觉得这一个镇上的游民是可以替他们报仇的。另外那些有点儿身份的人，从前是永没有弯下身来和他说过一句话的，现在却也到他常在喝酒的地方去找他了。

"怎么说，痞子？"他们开着玩笑地问，"他们说玛丽爱达快嫁人了！"

那地痞在他站着的地方踏了踏脚，摸了摸他丢在膝上的那一件闪光的外衣，将他的烟卷儿移到了那一面的嘴角，又对放在面前的那一杯酒望了一会儿。

后来他耸了耸肩膀。

"他们这么说！……好，我们看着吧，混蛋！那个老头子不要吹牛，他还没有拿到这块熏肉呢！"

因此，人人都断定一件有趣的事情快要发生了。三多老爹是一个有钱有势的人。在选举的时候他可以说一句话。他跟伐朗西亚当权的人们也是很有联系的。他自己也当过几次市长。他曾经多次地在大街上举起沉重的手杖来打身体比他壮的人，由于他们阻碍了他的路。

地痞多尼的胡说，他当然一句也不会放在心里。全市的人都拿得稳，培尼斯慕林一定会闹出事来。

三

三多老爹从没有将事情只做了一半就丢开的。在签婚约的日子快到的时候，这一种情形是很明显的。因为他的新娘没有嫁妆，他就自己给了她一份——价值三百两黄金，婚衣，指环，梳子，和一切属于多玛莎夫人的家具还都没有算在内呢！村里的姑娘成群地赶到玛丽爱达住的那个地方去——一间破败的小屋，天井里有一辆车，马房里有三匹没有喂饱的小马。她的父亲，那个马夫就住在这个和伐朗西亚大路上最后一间屋子离得很远的地方。她们，有的搀着手，有的把手臂环抱在别人的腰上，在堂前一张大桌子的四边走着；她所有的结婚礼物全都陈列在那儿。

好东西真多！手巾，台布，手帕，绢布，下衣，裙子，绸缎和亚麻布，上面缀绣着简写的字母和各种花样，依照大小排成一堆，几乎要碰到了天花板！三多老爹所有的朋友和他养着的闲汉都想起了这幸福的一对。在许多的器皿，镀银的刀叉，那地位低一点的人送给新房里的磁质水果盘这一类的东西中，还有一对美丽的烛台，这是一位侯爵送的礼物——那位侯爵是那地方上的政治首领——三多老爹称他为西班牙最大的人物——每次地方上发生了要选侯爵到议会去担任议员这一个问题的时候，三多老爹总要代他指挥一切，或者为他筹划攻击别人。在房间里最显著的地方，在一个架子上放着新娘的珍宝，一对珠耳环，许多别在头发上或者胸口上的别针，金边梳子，三支镶珠的长发针和金链条；这金链条是培尼斯慕林人常说起的东西，因为这是多玛莎夫人在京城的一家大铺子里花了十四个都字龙才买到的！

"你真好福气！"大家都怀着妒忌的心情对玛丽爱达这么地祝贺着她的幸运，但是她听了，却含羞地红起脸来；她的母亲，一个工作过度的，病态的老农妇，却窘得一个人在那儿悄悄地淌着眼泪；那个车夫踱来踱去地紧跟着三多老爹，他对于他未来的女婿的宽大，竟想不出一句谦虚的，感恩的话来。

那个晚上，婚约便要在车夫的家里宣读而且签字了。证婚人呼良先生在太阳下山的时候，便带了他的书记，坐了一辆二轮车赶到了那儿，衣袋里插着一个便于携带的长墨水瓶，手臂下挟着一卷贴好印花的公文纸。

厨房里特地放好了一张桌子，一座四叉的烛台上点起了火；证婚人骄傲地走了进来。一个多么博学的，一个多么教人忘不了的，熟悉法律的代表人物！呼良先生用土话来读着那原文，在夸大的，法律的辞句上他还加了好多他自己的解释。你看这位滑稽的人物，这么地穿着黑的长褂，生着一张骄傲的，剃得精光的脸儿，可不是像位教士！这一副眼镜还有什么用处呢，倘若他老是将它高高地搁在额头上？

证婚人念着又念着，他的书记便写着又写着；那支笔在粗糙的，贴好印花的纸上嗖嗖地响个不停。那个时候，助理牧师和两家的朋友都来到了。在堂前的桌上，拿开了那些结婚的礼物，却放上了许多糕饼、糖果，还有馒头、苦杏子和一瓶瓶的甘露酒——有玫瑰的，也有樱桃汁的。

"阿嘿！阿嘿！阿嘿！"呼良先生咳嗽了好多次，从座位上站了起来，摸了摸自己的闪光的长褂，压住了带子把它朝前拉低了一点，又到前面去拿起了一张写好字的纸来。一粒粒的沙泥从那新鲜的纸张里掉到了桌上。

念到了新郎的名字，他故意地皱了皱眉毛，引得三多老爹忍不住首先狂笑起来。念到了玛丽爱达的名字，他又从桌边站开了一些，让出了地位，模仿着舞场里的旧式油头粉面的舞客的那种模样，深深地鞠了一躬；这样又引得大家都笑开了。但是他读到了婚约里的条文——说起了都李龙、葡萄园、房产、田地、马匹、骡子这一类东西的时候，贪心和妒忌使那些乡里人的脸都发黑了。只有三多老爹独自个在那儿微笑——那些人一定会知道他是多么有钱有势，知道他对待那选中的女人是多么好，想起了这些事情，他便觉得非常地满意。玛丽爱达的父母忍不住要掉下眼泪来。他这种行为，岂止是大量而已！他们的邻人一致会心地点着头儿。真的，你可以将女儿托付给这么的一个男人，用不到半点迟疑！

签字的手续完毕之后，就摆起小酌来。呼良先生夸耀着他出名的老牌滑稽和一肚子的故事，恶意地用胳膊肘去撞着助理牧师维山德先生的胸骨，还跟那个严厉的禁欲主义者特地计划着举行婚礼那一天的可怕的狂饮。

到了十一点钟，什么事情都结束了。助理牧师走了出去，一边在埋怨自己，为什么弄得这么迟还不去睡。市长也和他同时走了。最后，三多老爹便和证婚人以及他的书记一同立起身来。他已经邀过他们今夜在他家里住宿。

玛丽爱达房子外面的道路是非常地黑暗，黑暗得像在没有月亮夜里的旷野上一样。那些镇里的屋顶上面有繁星在青天的深处闪耀。有几只狗在谷场附近狂叫。村庄是睡着了。

证婚人和他的两个同伴很留心地走着前去，在这些生疏的路上，留心着不要给石子绊倒了。"哦，纯洁的玛丽亚！"一个粗糙的声音远远地在喊着。"十一点钟———一切多么地好！"守夜人这时候正在那儿巡逻。

在这种墨一般的黑暗里，呼良先生觉得心上起了一种不安的感觉。他觉得在往玛丽爱达家去的那条大路的角落里，看见了可疑的暗号。好像有人守在她门边。

"看哪，看哪！"

突然有件东西爆裂开，接着便是一阵粗糙的，像人们私语般的声音。从那角落里，好像有浓密的火焰穿过空气直射出来，扭着，绞着，迅速地飞舞着，那位证婚人给吓得头发都竖起来了。

放焰火，放焰火！这是什么玩意儿！证婚人倒下在一间屋子的门口，他的助手也害怕地跌倒了。火球打着了他头顶上的墙壁，又跳到了街道的那一边去；过了一会儿又来了，飞过来的时候还嘶嘶地响着，最后才爆裂起来，声音响到几乎要震聋了耳朵。

三多老爹却一点也不怕地站在街道的中间。

"啊，上帝呀上帝！我知道这是谁玩的把戏！你这个混账的囚犯！"

他找到角落里，举起沉重的手杖来想要打下去；在那儿，当然的，他可以找到那个痞子，和一群他的前妻的亲属！

四

从天亮起，培尼斯慕林的钟声就在那儿响了。

三多老爹快要结婚的消息传遍了整个地区；从各方面都有亲友们赶来，有的骑着将颜色花哨的被盖做鞍子的耕马，有的把他们的全家老小都用车子装来了。

三多老爹的家里，已经有一个星期谁也没有好好地休息过一会儿了，现在又要做一个喧哗、拥挤的中心点。在这个快乐的时节，几里路附近的最出色的厨娘都给召集了拢来，在厨房和天井里进进出出地走动着，卷起了她们的衣袖，束高了她们的裙子，露出了她们的白裤子。一捆捆的木柴在近火的地方堆叠了起来。村里的屠夫正在后天井里杀母鸡，将那个地方铺成了鸡毛的毯子。家里多年的女仆巴斯刮拉老妈妈正在那儿破小鸡，从它们的肚里挖出肝脏、心脏和鸡肫来做酒席上用的最鲜美的酱汁跟精美的小吃。有钱是多么幸福！那些客人大部分是穷苦的农民，他们年年只够得上吃些有限的地货，现在想起了一整天的大吃大喝，嘴里都禁不住流起口水来。

　　这许多好吃的东西在培尼斯慕林的历史上是从来没有见过的。在一只角上，新鲜面包堆得像一高特的木料那么多。一盘盘的山蜗牛不住地拿上大炉子去煮。在食橱里放着一个盛胡椒的大锡盒子。啤酒坛一打一打地从地窖里搬出来——大坛子盛着预备在席上用的红酒，小坛子盛着从三多老爹著名的酒桶里取出来的，白色的烈性酒，这些东西就是在那地方最会喝酒的人看来，也嫌太多了。说到糖果呢，当然也一篮篮地装了不少——硬得像枪弹一般的糖粉球；三多老爹看着这一种热闹的场面，心里有了一个残酷的想法，停一会儿那些少年人争夺起来的时候，这么硬的糖球可不要在他们的头上打起包块来！

　　啊，事情很顺利！什么东西都准备好了！什么人都到了！连那个风笛手提莫尼也早已到了——因为三多老爹想在那一天大大地热闹一下，什么钱也不打算节省；他想起了音乐，便吩咐他们要让提莫尼喝一个畅快：这是人人都知道的，他喝醉了酒，奏起乐来便会特别的好。

　　教堂里的钟声停止了。行礼的时候快到了。婚礼的行列正向着新娘的家走去；女人都穿着最漂亮的衣裙，男子都穿着外面加上蓝背心的礼服，用着一直盖到耳边的高高的硬领。从玛丽爱达家里出来，他们又回到教堂里。带头的是一群跳着舞，翻着筋斗的孩子。提莫尼在他们中间吹着风笛；他抬起了头，将他的乐器高高地举在空中，看去活像是一个长鼻子在仰天吸气。其次便是那结婚的一对，三多老爹戴着一顶新天鹅绒帽子，穿着一件长袖子的外套，腰身似乎太小了一些，还有绣花的袜子和全新的靴子；玛丽爱达——啊，玛丽爱达！她是多么美丽！伐朗西亚没有一位姑娘比得上她！她有一件很值钱的镶边小外套，一件垂着长须头的马尼拉坎肩，一条衬着四五条衬裙的丝裙，一串拿在手里的珠子，一块代替胸针的大金片，此外，耳朵上还戴着多玛莎夫人以前戴过的明珠。

　　全村的人都等候在教堂前面——有几个多玛莎夫人的亲属为好奇

心所驱使，也来到了那儿，虽然他们族里已经议决绝对不参加这一次的婚礼。可是他们只站在背面，踮起了脚尖在看那行列走过去。

"贼！贼！真是个贼！"那被触怒了的一族中有个人在新娘的耳朵上看见了多玛莎夫人的耳环，便这么地喊了起来。但是三多老爹只微微地笑着，好像是很满意的样子。于是行列便走进了教堂。

那些在外边看热闹的人从街坊对面将眼睛移到了屋子里。那个风笛手提莫尼却已经走了开去，好像不愿意听那教堂的风琴来和他的音乐竞争似的。可是他碰见了谁？来的正是地痞多尼跟他的几个喜欢捣蛋的朋友！他们几个人占据了一张桌子，坐在那儿眨眼睛，扮鬼脸。全是些镇上的讨厌东西！一定要闹出乱子来了！妇女们都交头接耳地不知道在说些什么话。

但是瞧哪！他们又离开了教堂！提莫尼从那一张摆在路旁的桌子边站了起来，奏着皇家进行曲，从街坊对面回过来了！全村的无赖似乎都从什么垃圾堆里跑了出来，围绕在入口处，"杏子！杏子！给我们些糖果！"

"要杏子。要糖果。"三多老爹自己拿起了那些东西丢过去，许多客人也照他的样儿乱掷起来。很硬的糖球从那些顽童的比糖球还硬的头上弹了开去，于是争夺在灰堆里开始了。当护送新娘新郎回家去时，一路上糖果的炮弹还是打个不休。

到了酒店的前面，玛丽爱达忽然低倒了头，她的脸儿都变色了。地痞多尼正坐在那儿。三多老爹看见了他，脸上表现出胜利的笑容。那个痞子却只做了个下流的姿态来回答他。他是多么可恶，那个姑娘想，竟敢在她可以骄傲的日子，做出这些讨厌的事情来！

在多玛莎夫人的旧住宅里，如今可说是三多老爹的家里，火热的巧克力茶已经在等候着了。"要注意，不要吃得太多——到吃饭的时候还只有一个钟点了！"证婚人呼良先生高声地喊着；但是群众可早已冲到了糖果面前，不一会儿，那足够放得下一百把椅子的大厅里的桌上，已经给扫得一空。

这个时候，玛丽爱达已经走到了新房里，这就是那一间出名富丽堂皇的，从前是多玛莎夫人很引以为骄傲的卧室。她在那儿脱去了婚服，换上一件轻便些儿的衣裳。不久她又回到了楼下，穿的是一件短袖的便衣，多玛莎夫人的珠宝闪耀在她的臂上，在她的胸前，在她的颈项间，在她的耳朵边。证婚人是在那儿和刚从圣房里赶到的助理牧师闲谈。客人都走到了天井里，他们都想挤到厨房里去看这一次大宴会的最后一刻钟的准备。提莫尼用尽了气力地在吹他的风笛。一大群的顽童还是在外面喊着，跳着，挑引他们再来抛杏子；偶然有几把扔出去的时候，便你争我夺地闹了起来。

"就是巴尔夏查尔也没有举行过这么一个宴会。"这是助理牧师就席的时候所发表的谈论；那位证婚人呢，他当然不愿听见别人的知识比他还要丰富，便说起了一个名字叫做加马曲的人的婚筵，这是他在一本书里看到的。那位证婚人决不下到底塞万提斯是个议员呢，还是《圣经》上的一位先知！天井里还有别的桌子，这是给那些比较不著名的客人坐的。提莫尼是在这一堆人物里，他时时刻刻地在那儿招呼侍者给他斟红酒。

菜是整锅地端上来的，一块块的鸡肉多得几乎像是浮在上面的，酱汁里的米粒一般。那些乡下人也像绅士一般地吃着，他们这一辈子恐怕还是第一次吧！并不是用刀叉在一个公共的锅子里乱抢，却每人都有自己的碟子和盘子，此外每人还有一块餐巾。同时，那些乡里人还要做出客气的样儿来。"试试这第二道大肉片吧。"朋友们会隔得远远地这么互相招呼着，大肉片便挨人传递过去，一直到完了为止。于是有人便会满意地点着头，微微地笑着——似乎这第二道大肉片是特别比旁的几道菜好的那种样子。

玛丽爱达坐在她丈夫的身边，却吃得很少。她脸色灰白，痛苦的思想使她皱拢了眉头。她神经过敏地呆看着那扇门，好像地痞多尼随时都会在那儿出现似的。那个流氓什么事儿都干得出来！她向他告别的那一晚上，他骂得她多厉害！照理，她应该想念他——应该懊悔自己自私自利为了金钱而结婚。但是很奇怪，她对于痞子的妒忌却相反地觉得有几分满意。他爱她！想起这件事来是很有趣的——现在他是被遗忘了。

盘子渐渐地空起来。煮肉已经吃完了，炙肉也都装进了那些贪吃者的喉咙了。现在来装点这个宴会的便是粗俗的玩笑和戏谑。有几个客人喝醉了酒，竟僵了舌头，大胆地跟两位新人调笑起来。这样便引起了三多老爹满意的笑声，同时却使玛丽爱达窘得涨红了她本来是浅褐色的脸儿。

上最后一道菜的时候，玛丽爱达站起身来，手里托着一个盘子，沿席面地环绕过去。赠送新娘的零用钱！她用了小姑娘般的声音请求着。于是都孛龙，半都孛龙，和各种名称的金币纷纷地落进盘子里去。那些新郎的亲属给得特别多，因为希望他在遗嘱上不要忘了他们！

助理牧师可只拿出了两个贝色达，推说在这个自由主义的时代，教会真是穷不过来。

玛丽爱达走完了之后，便将盘子里的钱币都叮叮当当地倒进了袋子里去：这是多么好听的声音哪！

现在这个宴会真可以算得是个宴会了。许多人同时都说起话来。外边的人们也都拥到窗边去看这快乐的一群。

"蓬啪！蓬啪啪！"

听见了这个敬酒的信号，大家都静了一会儿。那个喜欢开玩笑的人摇摇摆摆地站了起来：

敬一杯新娘，

敬一杯新郎，

下次再邀我，假使还有这辰光！

那一群人便大声地呼喊着，也不觉得这一种调笑在他们祖父的时代已经要算是太旧了：

"曷衣搭儿！……曷衣搭搭搭儿！"

于是每一个人便轮流地跳起身来，唱着诗，说着那"快乐的一对"的笑话；后来笑话是愈说愈下流了，害得助理牧师不得不逃上楼去！妇女们是聚集在隔壁一个房间里。

有一个人忽然高兴得不由自主了，竟将酒杯打碎在桌上。这正是一个开始炮击的信号。客人们把所有的碗盏都打破在地板上，于是向三多老爹抛着面包块，糕饼，杏子，糖果，最后便抛着磁器的碎片。

"算了，我说算了吧。"玩笑真个开得太不成话了，新郎便喊了起来，"算了吧！"

但是那些人都喝醉了酒，正想大闹一场。他们攻击得反而厉害了。助理牧师跟妇女们吓得都赶下楼来，以为发生了什么大事。

"给我走开去，走开去！"三多老爹发起怒来。他挥动着粗重的手杖，将那些客人一个个地赶到了天井里！从那儿，石子和别的东西又纷纷地飞向窗边来。

"真闹得太不成话了！"

五

到了夜里，住在远处的客人提高了嗓子唱着歌，祝贺这对新人永远快乐，便陆续地先走了。后来村里人也都走上了黑暗的街道，在高高低低的铺道上，妇女们各自当心着她们七颠八倒的丈夫。证婚人已经在一个角落里睡着了，眼镜是架在鼻尖儿上；他的书记走去唤醒了

175

他，将他一把拖出了大门。到了十点钟，只有两家的至亲还都留在那儿。

"宝贝女儿呀，宝贝女儿呀，"玛丽爱达的母亲在哭，"你去了！"照她那么可怜的样儿看来，或许你会当她的女儿快要死了呢。

那车夫可不是那么的样儿！他喝了太多的酒，只怀着戏谑的心情，不住地在反对他妻子的忧郁，"你从前不是这样的！我把你带去的时候，老太婆，你不是这样的！"后来他拉开了她们母女两个，也不管老太婆哭不哭，把她拖到了门边。

那女仆巴斯刮拉妈妈也回到了她自己的阁楼里。这天特地雇用的侍者和厨子都已经回家去了。屋子里沉寂起来。只有三多老爹和玛丽爱达两个人还坐在依旧有许多烛光照耀着的，混乱的宴会室里。

他们静悄悄地坐了好一会儿——三多老爹在赞赏他已经得到的姑娘。她穿着棉衣，躺在长榻上是多美丽！又是多年轻啊！"和这个老傻瓜一块儿，真是倒霉！"玛丽爱达心里在那样想，同时地痞多尼的幻影还紧紧地在她眼前浮动。

远远地一座钟响了。

"十一点！"三多老爹说。他从椅子上站了起来，将那些宴会室里的烛火吹熄了，只剩了一支拿在手里，他说：

"现在是上床去的时候了。"

他们刚走进一间大卧室，三多老爹就停止了脚步。

附近四周围突然大声骚乱起来，好像末日审判的时候已经到了培尼斯慕林。可怕的抛扔锡罐头的声音，猛烈地摇动几百个铃铛的声音，用棍子打板壁的声音，向屋子四面掷石块的声音，还有正打从卧室的窗口射进来的焰火的闪光。

三多老爹忽然想起了这些事情的用意。

"我不知道是谁指使的把戏嘛！即使这家人不怕坐牢，我也有办法可以立刻对付他!"

玛丽爱达听到了这些喧闹声,先是吓了一大跳,后来却大哭起来,她的朋友们已经警告她过了:"你嫁给那个死了老婆的人,到了那个时候你一定可以听见一支良夜幽情曲!"

啊,这真是一支良夜幽情曲!吵闹了一会儿之后,便听见了许多讽刺的诗句,接着又是喝彩声,狂笑声,还有伴和着一支风笛的歌声,这些都是在说明新郎的年龄、权力以及怪模样儿,暗示着玛丽爱达过去的生活,预言着将来和年老的丈夫在一起所能享受到的幸福!一个沙沙的声音在夸耀着和新娘过去的关系,玛丽爱达立刻就明白了这个情况。

"你这猪猡!你这恶狗!"三多老爹大骂着,在卧室里走来走去地跺着脚,举起了拳头在空中乱打,好像想把这些冷嘲热骂立刻都打死了的一样。

忽然他起了一种不可理解的好奇心。他定要看看,那些敢到他面前来放肆的人究竟是谁!他吹熄了烛火,从窗帘的一角窥望下面的街道。

好像全村的人都拥挤在近旁。沿铺道照耀着二十多个火把,什么东西都笼罩在青色的火光里了。第一行站着的是地痞多尼和多玛莎夫人的所有的亲属。那一个在他家里快乐地做了一天客人的风笛手提莫尼也在里面!在他的口袋里,或许还剩着他在八点钟时拿到的钱呢!这坏蛋!这不要脸的东西!那些诗句或许大部分还是他编的呢!

三多老爹觉得自己干了一生的事业,现在轻易地从指缝中间就溜跑了。他可不是全镇的领袖吗?现在他们都很乐意地在那儿看着他丢脸,甚至还敢对他放肆起来,都只为了他自以为够得上娶这位美丽的姑娘的原故!他的血液——一个会得管理整个政治区域的,发出命令来总要别人服从的贵人的血液——在身上沸腾了起来。

又发生了一阵子摇牛铃，敲盆子的喧闹声。

那个痞子又喊起一些有关"美人和畜生"的诗句来，接着便是一首《三多老爹快要钻进坟墓去》的挽歌。

"介奇，介奇，介奇！"这是多尼从一首挽歌里摘下来做叠句的；大家听了，也跟着同样地唱了起来。

这个时候那流氓已经看见了三多老爹在窗口的脸儿。他从地上拾起一件东西，顾自走进天井去。这是一对缚住在一根棒上的大号角。他把它们举到了窗边。别的人抬了一口棺材进来，里面放着一个眉毛长到几码的木头人。

三多老爹又愤怒，又丢脸，给作弄得眼睛都花了；他退了下去，挨着墙壁摸到一个黑房间里去，拿到了他的枪，又回到窗边来。他掀起帘子，打开了窗子，几乎是无目的地接连开了好多枪。

那一群人激动起来了，只听见一阵可怕和愤怒的叫喊。火把熄了，接着便是向各方面逃避的声音，同时有人叫着：

"行凶！杀人！这是三多！那个贼！杀死他！杀死他！"

三多老爹可没有听见。他坐在房间中央，手里拿着枪，昏乱得什么也想不起来。玛丽爱达已经吓倒在地上了。

"现在可住嘴了吧？现在可住嘴了吧？"他只是喃喃地说。

忽然传过一阵脚步声来，又有人在门上重重地敲着，说：

"开门，有公事！"

三多老爹这时才头脑清楚了。开了门儿，一队警察走进房来，他们的鞋钉在光滑的地板上踏得非常响。

三多老爹在两个警官中间走到了天井里，他看见地上挺着一个死尸。这正是地痞多尼，现在已经给打得像筛子一样。每一粒子弹都打中了他。

多尼的朋友全拔出了刀，围绕在那儿；提莫尼也在里面，他举起

178

了风笛，想冲到三多老爹身边去。

但是警官将群众赶散了。三多老爹在他们中间走着，脑子又重新糊涂起来。

"多有趣的新婚夜！"他模糊地说，"多有趣的新婚夜！"

37. 地铁之吻

⬤ 蒂 亚

地铁车厢摇摇晃晃，车轮辗过铁轨发出的凄厉嘎吱声比以前更刺耳。车窗外，滴水成冰的严冬笼罩一切。车厢里挤满冻僵的乘客，各自想着自己的心事，厌烦神态毕露。好一个早晨！

突然，有个小男孩在粗鲁成年乘客的一条条大腿间挤过，在车厢最里面的座位坐下。他依着车窗坐，周围全是我们这些冷漠又因早起而倦意未消的大人。"好一个有胆量的小家伙！"我心想。孩子的爸爸宁愿站在我们身后的车门旁。列车一路晃摇着钻入地下，这时，怪事发生了，而且发生得很突然。那个神态凝重的小男孩溜下座位，手搁在我的膝盖上。我一时以为他要从我身旁挤过，回去找他爸爸，便把身体挪开，但他却身向前倾，朝我仰起头。我接着想到："他是要对我说些什么，或是想跟我说句悄悄话吧。这些小鬼！"我低下头来准备听他讲话。我又错了！他在我脸上响亮地印下一吻。

男孩神色自若，回到座位上往后一靠，仍是若无其事地注视着窗外。至于我，则惊诧得目瞪口呆。刚才是怎么回事？小男孩竟在地铁车厢里亲吻素不相识的大人。怎么会有人愿意亲吻我们这我们种满脸胡茬的怪物？不久，我前后左右的乘客都一一受到这孩子亲吻。我们全都忸怩不安，又莫名其妙，只冲着孩子的父亲傻笑。那做父亲的准备下车时，看到我们一班人躲躲闪闪而又充满疑问的目光，便说出原由。

"他是因为能够活着，所以那么高兴。他曾经生过重病。"

父子俩的身影消失在拥往出口的人群中。车门关上了，列车隆隆开动。我仍感觉到脸上有六岁孩子一吻留下的火辣辣感觉。这一吻触发了我的内省，令我心潮如涌。成年人有谁会就为了活着而高兴得去亲吻周围的人？又有多少人会认真想一想，活着是多大的恩典？我想起瑞典作家斯芬·戴尔勃朗克小说《阿密尼》中，在火车上突然折起报纸、垂头伤心痛哭的那个人。要是我们大家都袒露真实的自我，会怎样？只怕会天下大乱。

那送吻的小人儿像在我们脸上轻掴了甜蜜又具有深意的一掌：要小心，别让自己变成行尸走肉。

38. 创造一个舒适的港湾

● 卡耐基

一个带着满身疲惫，甚至还是满身创伤的丈夫，回到家里，哪一种家庭气氛才能使他在第二天早晨提高工作兴趣、恢复精神去努力呢？这个问题的答案，直接关系到一个男人事业成功与否，它往往比一般妻子所想象的要重要得多。

那么，为了使丈夫能够以最高的效率工作，妻子所营造的家庭应该供给他哪些基本要素呢？

轻松

一个男人，无论他多么热爱自己的工作，这份工作总会带给他某种程度的紧张和压力。在他回家以后，如果这些紧张能够消除，他就能够为他心理的、身体的和情感的动能加油打气，就能使他精力充沛地进行第二天的工作。

每个女人都想做个好的家庭主妇，但是有时候男人在家里得不到休息和放松，因为他的太太是个太好太好的家庭主妇。我小的时候，我的邻居就有这么一个女人。她的孩子不可以把朋友带回家——小孩子们可能会弄脏她一尘不染的地板。她的丈夫不可以在家里抽烟，因为那样会使窗帘沾上烟味。如果她的丈夫看完一本书或报纸，就必须准确地放回原处，乱放会使她不高兴。这也许是一种精神病症状，但是这种情况确实普遍存在于每一个家庭。

美国基督教大学精神科教授罗勃特·P·奥典华特博士，在全国基督教家庭生活第20届年会里的讲演中，把母亲们对于一尘不染的洁癖描述成是"在我们的美国文化里最大的压迫"。

乔治·凯利所写的戏剧《克莱格的妻子》曾获得普立兹奖。它获奖的主要原因，是因为该剧栩栩如生地描述了一位典型的家庭妇女形象——克莱格的妻子。哈丽莱特生活的主要重心，就是保持家里绝对的干净。她甚至连放错了坐垫也无法忍受。朋友们来访并不受欢迎，因为他们会把东西搞乱。她甚至认为她那正常、不拘小节的丈夫是个破坏专家，因为她的丈夫会扰乱了她所创造出来的冷酷的完美。

当丈夫把星期天的报纸、烟屁股、眼镜盒和其他各种东西随便乱丢在妻子辛勤收拾干净的客厅里的时候，当妻子的常常都有一种冲动，想要把这些东西拿起来砸在他的脸上。但是，在发作之前或是大骂他是个毫不体贴的莽汉以前，妻子们应该记得，家是他唯一能够放纵本性的、自由的、可爱的乐园。

舒适

装饰和布置家庭通常是妻子的工作，她应该懂得，舒适是男人最大的需要。细长的桌椅，过于精致的毛织物，一堆一堆的小装饰品，在女人的眼里也许是迷人的，但是这些东西会令一个疲倦的男人讨厌，他需要一个地方去搁脚、放烟灰缸、报纸与烟斗。

如果你想知道男人布置屋子的方式，不妨研究研究单身汉整理房间的情形。

我们的家庭医师路易斯·C·派克先生，最近又把他的办公室装修一新。他的办公室是他家的一部分。那天我在那儿，一些在候诊室的男病人都在既羡慕又非常感兴趣地观赏着他那覆盖着皮革的、实心的桌子，宽敞的沙发，巨大的铜灯以及笔直地下垂着、没有一点皱折的窗帘。

还有一位华特尔·林克也很会布置自己的房子，他是新泽西州标准石油公司的地质学家。林克先生的工作使他必须跑遍全世界最偏远的角落，他在纽约拥有一间超现代的公寓。他利用旅行带回来的纪念品装饰这个房子——爪哇的手工染布、刚果的木雕以及东方的象牙雕塑品等。另外，他的床单是从秘鲁带回来的鹿马皮。林克先生的公寓以明亮、宽敞和舒适以及富有个性的摆设而显得品味不凡。

这就是这些有结婚资格的家伙仍然做单身汉的原因——很少有女人能够把他们服侍的像单身那样舒适。

妻子布置房间的时候，千万不要忽略了男人对于舒适的要求。

假若丈夫对于妻子辛苦布置好的家带来了破坏，这很可能是因为妻子布置的方式有点错误了。丈夫把报纸满地乱丢，可能是茶几太小，或上头堆满了装饰品，他根本就找不到地方放报纸。

妻子把烟灰"到处乱弹"，更好的办法是为他买个最大型的烟灰缸，而且要多买几个。他常常把脚搁在精致的脚凳上吗？把这个脚凳拿到客厅去，另外替他买个坚固的、塑胶做的脚垫。

给丈夫设置一个特定的地方，放他的照相机、烟斗、收藏物、嗜好品、书本和报纸。千万不要把他的这些东西放在阁楼的小角落，更不能和其他废弃物放在一起。

如果妻子能让自己的丈夫在家里感到舒适，那他就不会下班后到处乱跑了。

有秩序和清洁

其实，大部分男人是喜欢整洁的。他们宁愿住在一间收拾整齐的帐篷里，也不愿住在凌乱不堪的漂亮房子里。——开饭很少准时，早餐的盘子到了吃晚饭的时间还放在水槽里不洗，浴室里堆满废弃物，卧室不加以整理，这些现象以及其他家事不收拾好的情形，会使男人跑到球场、酒吧以及妓院去。对男人来说，他可忍受自己的凌乱，却没有耐心忍受妻子的不整洁。

我上面所指的是长时间、习以为常的使家庭凌乱不堪。任何一个有修养的丈夫，对于偶然发生的过失，都是能够体谅的。他会在清扫日愉快地吃着剩菜，当妻子碰到一些不寻常的问题必须应付的时候，他也会帮个忙或是为她们解决——但愿妻子们都不会让家庭长期处在一种乱糟糟的局面里。

一种愉快、安详的气氛

营造一种良好的家庭气氛，是为妻者的主要责任。丈夫在商业界的表现，将会受到妻子所创造的家庭环境的影响。

《福星》杂志在 1951 年曾做过一项有关公司生活的调查研究。他们引述一位总经理的话说："我们控制一个人在工作上的环境，但是我们却不能控制他们的家庭环境。"

每一位妻子都不希望自己的丈夫完全被他们的工作占据，或是身体和精神完全被工作控制。但是，她们又希望他们在这些工作上有最好的表现。如果妻子们能创造一种快乐而安详的气氛，等着丈夫们回到家来，她们就能够使他们在这两方面都受益。

　　洛杉矶家庭关系协会会长保罗·柏派诺博士指出，家庭应该是男人的避难所，这里应该是使男人从业务的麻烦里得到安宁的地方。"在现代商业或工业世界里的生活，"他说，"并不像野餐那样轻松愉快，他必须整天和对手竞争，在各种情况下都是。当下班铃响的时候，他所渴望的是安详、和谐、舒适和爱情。"

　　"在公司上班时，大家都只看到——或是想办法要找出他错误的一面。这位天使不会把她自己的困扰加到她先生身上，也不会替他制造一些新的困扰。她应该做的是恢复他的能力，保护他的精神，在情感上使他愉快，使他在隔天早晨又信心百倍地出门拼搏。"

　　"在家里创造出那种气氛的妻子，"柏派诺博士作结论说，"才可以说她在丈夫的生活里尽到妻子的责任，才是一个合格的妻子。"

　　要觉得家庭是丈夫的，也是妻子的

　　一个会持家的妻子，会让丈夫觉得在家里像个国王，而不是让他觉得到处不顺眼，当个笨拙的破坏专家。要达到这种境界，妻子是需要付出努力的。

　　当家里确实需要一件新家具，或是应该重新装饰的时候，妻子应该询问丈夫的意见，共同决定，不要只是把付款单交给他就算完事。

　　男人对于家庭的关心程度，绝不会比女人小——他需要一种感觉，觉得他是家庭的主要支柱。

　　有一位浪漫的女孩，她擅长花费很少的钱来装饰屋子，所以她的房子非常精致、迷人，近乎完美的味道：柔软温和的色调，易碎的摆饰品，精巧设计的风格。可是，这个女孩子却嫁给了一个高大的、浓眉粗发的、烟斗不离口的标准男性。她的丈夫在这个女性化的仙镜里，完全格格不入。他爱他的妻子，但是他在自己的家里觉得非常不自在，所以他招待他的朋友和同事去钓鱼，或是到他可以表现自我的森林小屋里去玩。这个女孩子对丈夫的这种生活态度非常失望，但是她却不知道改变自己以迎合丈夫的爱好。

做为妻子，绝不可陷进庞杂单调的家务里，而忘了家事的真正目的：为自己心里最爱的丈夫创造出一个充满爱情的、安全的和舒适的港湾。

39. 流放的地方

◉ 泰戈尔

妈妈，天空里的光芒逐渐暗淡；我不知道是什么时候了。

我的游戏一点儿也不好玩，所以我到你身边来了。今天是星期六，是我和你的假日。

放下你的活计吧，妈妈；坐在靠窗的这一边，告诉我，神话里的特潘塔沙漠，究竟在什么地方。

大雨的阴影遮盖着白昼，从这头遮到那头。

凶猛的闪电正在用它的爪子抓着天空。乌云轰响、雷声隆隆的时候，我心里害怕，我依附在你的身边，我喜欢这样。

大雨在竹叶上哗啦啦的响上好几个钟点，我家的窗子也随着阵风震得格格的响，这时候，妈妈，我喜欢单独和你一起坐在房间里，听你讲到神话里的特潘塔沙漠。

妈妈，沙漠究竟在哪儿，在什么海的海滩上，在什么山的山麓下，在什么国王的王国里？

那儿没有标明田地疆界的篱笆，也没有村民们可以在晚间走回村子去的、或者妇女们在森林里捡了枯枝可以运到市场上去的小径。特

185

潘塔沙漠躺在那儿，沙土里只有小块的黄色枯草，只有一棵树，一对聪明的老鸟在树上作巢。

我可以想象，就在这样一个乌云满天的日子，国王的年轻的儿子，怎样的独自骑着灰色马穿过沙漠，去寻找那被囚禁在不可知的海洋彼岸巨人宫里的公主。

当蒙蒙雨雾从遥远的天空下降，电光闪射如突然发作的疼痛，他可记得他的不幸的母亲，被国王抛弃，正在打扫牛棚，擦着眼泪，当他骑马穿过神话里的特潘塔沙漠的时候？

妈妈，你瞧，白昼还没有完，天色就差不多黑了，那边儿村子里路上已经没有行人了。

牧童早已从牧场上回家来了，人们离开了耕地，坐在屋檐下的草席上，望着那苦着脸的愁云。

妈妈，我把我所有的书都放在书架上了——现在可不要叫我做功课。

等我长大了，长得跟爸爸一样大了，我会把必须学习的都学到手的。

可是，妈妈，你今天得告诉我，神话里的特潘塔沙漠在哪儿？

40. 出色的母爱

● 斐克尔

凯瑟琳·杰克逊是世界超级摇滚歌星迈克尔·杰克逊的母亲，她和蔼、善良，又是一个非常坚强的人。

在她很小的时候，由于患小儿麻痹症成了跛足。但这没有影响她对音乐的爱好。她认为：这个病虽然耽误自己很多学业，但对她来说这不是灾祸，而是上帝赐予她要她获胜的一次考验。

在迈克尔小的时候，她经常唱歌给他听。还教他演奏单簧管和弹钢琴。

她对迈克尔说："你们的演唱和舞蹈天资，就像美丽的落日或风暴后留给孩子们玩耍的白雪一样，全是上帝所赐。"

经过母亲的指导和培训，迈克尔终于成为一个出色的歌手。当美国人从实况转播中首次看到迈克尔的乐队时，立刻被他们精湛的表演吸引了。面对演出的成功和极高的评价，迈克尔并没有就此满足，而是继续排练，他在向音乐的高峰迈进。

迈克尔一家人口很多，住所却不大。乐队刚开始，收入也不多。有时他们排练音乐时，一些妒忌他们的孩子还会从窗口抛进石头。但是这些都没有使他们停止排练，他们依然围着母亲学弹琴、学唱歌。

凯瑟琳作为母亲，是一位出色的指导者。如果她发现孩子们当中有人对某件事感兴趣，只要有可能，她就会鼓励孩子发展这种兴趣。

迈克尔对电影演员产生了兴趣，母亲回家时就会带回一包关于电影明星的书。尽管有9个孩子，但她对每个孩子都像对待独生子女一样。

41. 老妇人

● 欧仁·达比

像每天一样，老妇人是在一条长街上的地底铁道站口的她的老地方；那条长街，一到五点钟，是就塞满了一片叫人头痛的喧嚣声的。她靠着那上面贴着一幅地图的生铁栏杆，感到有了靠山；当在她周围一切都改变着又流过去的时候，她却不动地守着她的一隅。咖啡店里的一个伙计替她拿了她的椅子来；在那上面，她立刻放下她从批发处配来的货色。现在，这老妇人已准备好了：她从批发处现批来的那二百五十份报纸是在那里，于是她可以开始她的工作了，她向她的第一个顾客微笑着。

多少年多少年以来，她占据着这来来去去的人那么多的一隅。人们都认识她，正如认识人行道的一段，或是一所房子一样。人们帮助她。伙计们从咖啡店里来向她买报纸给他们的主顾，而他们又不让那些很想在这漂亮的咖啡店的露天座前停下来的流动报贩走近过来。老妇人呢，她也有她的老买主，一些一直向她买他们的《巴黎晚报》或是他们的《硬报》的人们。她的角落，说来确是一个好角落，她是知道竭尽能力来防范一切的侵害的。当她在那里摆出摊子来的时候，你可以在那里感觉到城市是在喧嚣地生活。她已不能够割舍这种活动，这种声音了。哦！如果要她关在房间里度日可糟了……

在地底铁道站口的前面，耸立着一个报纸亭；那是一个女人掌管的，老妇人和她很说得来。这个女人卖周报、评论报和那些把裸体呈献给过路人看的杂志；全靠了这些照片和奖品，这些的销路是要比晚报好一点！什么颜色的都有，像那些被风吹着或是给雨打着的旗子一样。从前，这老妇人也曾经设法想弄到一个报纸亭。因为，买主们之钻进地底铁道站去或是转一个向来向你买，那是完全要看天气的好坏的。

今天，是十月末梢的一日，已经是真正冬天的一日了；寒冷从那爿黑黝黝的天上掉下来，一种包围住你的潮湿的寒冷。老妇人已穿上了她的寒衣，好像是一身制服似的，当坏季节有几个月到来的时候，她就拿来穿在身上：一件又长又大的，黑黝黝而又太薄的大氅，在那上面，她还披一条肩巾；一双半截手套，一顶毛线小帽。那顶小帽是她结了给她的儿子的，可是她并没有寄去给他，因为那可怜的人已打死了。她穿着一件罩衫，这是她最厚的衫子了；她缩在这些衣衫里面，然而她还是觉得冷，比什么时候都冷。在初冬，当她必须要重新习惯于这种该死的天气的时候，情形总是这样的，而且每年她总是愈来愈怕冷了。

"《巴黎晚报》！《自由报》！《硬报》！"

她用一种破碎的声音叫卖着，可是她并不常叫，因为她不久就接不上气了。特别是今天，叫喊使她胸口疼，使她气尽力竭，而且一股热气使她发烧。再说，吸引买主是没有用的，因为她有着她的角落，一个著名的角落，她这样自己反复想着。一些报贩奔跑着经过。他们大家都有一张大喉咙，一种并不消失在车辆的噪音中的声音；他们也生着一双好腿，一种老妇人所羡慕的力气。

"《自由报》吗？……这里！"

这是她的好买主之一。

"不用找钱了，老妈妈。"

有许多人给她五十生丁或是一个法郎，却并不等找钱就走向这个作乐和做买卖的巴黎去了。总之，他们是在布施她，可是这种骄傲是一种奢侈，一种她比别人更不能领受到的奢侈，而靠了这样的买主们，她才把那些"打回票"的日子对付过去。她碰到这种情形有一年了，自从那些失业者和外国人卖报纸的时候起。那些失业者，因为没有办法，前来和你竞争；或者是那些青年人，他们宁愿做这种事而不愿在工厂里做工。当她打回票的时候，批发处的大报贩就对她不客气了。

老妇人接连有了一批买主。她又有把握起来，她回想起最初卖报的时候。哦！在一九一四年，像对于许多妇女一样，战争意外地向她袭来，那时她已死了丈夫，幸而还有一个还在做学徒的儿子。她滑到战争中去，在那里过日子，从来没有过得好一点，可以省下一点钱。但是那个时候报贩不多，每天晚间，人们向你赶过来，好像抢面包似的。在她看来，如果不是在一九一八年八月得到她儿子战死的消息，这就差不多是她一生最美满的时代了。从那个时候起，就只剩她一个人了，她不得不继续做她的这小生意。并不是她吃一行怨一行，一份报赚两个铜子儿，就过得日子了；在高兴的日子，她甚至还说这是一个不用做事的行业呢。

"《巴黎晚报》！"

她好像呼吸似地这样想也不想地喊了一声。七点钟，各办事处放出人来：男人，女人，匆匆忙忙地跑进地底铁道站去。有几个人停下来买她的报，他们说："晚安，老妈妈。"接着便又跑过去了。现在是她卖得最多的时候，应该睁大眼睛，竖起耳朵，急忙找钱。在那生铁的栏杆上，靠着一些青年人，一对对窃窃私语的男女。老妇人并不去看他们，再说，对于这些人，光线和过路人都是没有妨碍的。她看见他们一个星期，接着是另一些人来亲嘴来吵嘴了。恋爱的人们！那老妇人呢，要再找到她自己的故事，是必需在她的过去之中寻找得那么深。她的丈夫是在四十二岁的时候死的，肺病。从此以后，不再有恋爱了。当一个人必须每天赚钱度日的时候，是没有工夫来悲哀的。

现在，这老妇人是在人生以外，人生的乐趣以外，但却并不是在她的贫困以外。她看见生活在这条明亮的街上流着，正如站在一条大河的岸上的人一样。老是一动也不动，一声也不响，被生活之流所抛开。她已不复知道快乐，温柔，希望，但却知道困苦和深深的孤寂，因为就是处身于这群众之中，在她看来也还是孤寂。

七点半。那些情人们已走了。报纸亭已关了。咖啡店的露天座已空了。少了些汽车，有时候沉静。有一些迟归的过路人，其中有几个是买主。老妇人数着她的报纸。她还剩……四十份……五十份……六十二份。这样多！也许她算错了吧？但是她没有勇气再来数一遍，也没有好奇心来自问为什么今天卖得这样糟。她收摊了。她把她的报纸放在一只黑布的背囊里，在那背囊的前面，是缝着一个袋子，大铜子儿在那里锵锵作响。在走起路来的时候，钱和报纸就会重得压得她弯倒了背。

"伙计，你的椅子在这里。"

接着那老妇人就走进咖啡店里去。一片满意的微笑松弛了她的脸儿。她要不要坐下来？坐下来是比站着花钱更多；于是她就靠着柜台，而那伙计就替她端上牛奶咖啡，一边对她说：

"生意好吗？"

她含糊地回答了一句，她喝着。那是热腾腾的咖啡，暖融融地流到你的胸膛里去，赶走了这种十月的夜晚的寒冷。耽在这儿多么好，那老妇人想着。在这光亮的咖啡店里，这里的空气是像在夏天一样地暖和。可是在柜台边，正如像在街上一样，那些青年人夹了进来又挤碰你。老妇人把一块面包在她的咖啡里蘸了一下，放进嘴里去。只是当她要咽下去的时候，却苦痛地刮着她的喉咙。难道……她照了一下镜子：这个老苍苍的女人，可就是她自己吗？又瘦又尖的鼻子上架着眼镜，起皱，凹陷，白色的颊儿，一个古怪地伸出在一件死人的大氅外面的小头颅。她好像从来没有看见过自己，她有点像看见了一个陌生的女人。她带着一种机械的动作把一绺灰白色的头发塞进帽子里去，接着她便背过头去，为的是可以忘记了这个在生动而年轻的脸儿间，在容光焕发的妇女的脸儿间成为污点的老妇人。"这些全是婊子，"老妇人想着，"这一区有的是这些。"是的，婊子。可是在这生涯之中，做一个规矩女人有什么用呢，有什么用呢？老妇人垂倒了头，拿起她的杯子，喝得一点也不剩。

在外面，现在是一条像冬夜的差不多一切的街一样的街。过路人加紧了脚步，要勾搭住他们，别想！老妇人感到她的报纸沉重；她的背囊的皮带勒紧了她的项颈，给她做了一种缰绳似的。她踏着小步子，向大街上走去，右手拿着一份报纸，左手托住背囊，上半身俯向前，却也留意地，小心地走着，像一个真正的巴黎人似地嗅着街头的空气。她有时推开一家咖啡店的门，那些老板们已在进食了；有时她在一个十字街头停下来，在寂静之中喊着："《巴黎晚报》最后版！请买《硬报》！《巴黎晚报》！"可是人们什么报也不向她买，而这条在五点钟的时候她挤也挤不动的路，现在就好像属于她的了，属于她，又属于那些飞腾着的汽车。"要是一辆汽车轧死了我，"她在穿过一条街的时候想，"倒并不是一个大损失。"在贝尔维尔她的家中，邻舍们会担心起来而去通知她的那个住在下省的妹妹……

她穿过了街，她到了人行道上，又曳着脚步慢慢地走。如果她死了，她就用不到担心要每晚把她的报纸全卖完了——因为如果卖不完，她的赚头就一部分白送了！那时她会不再感到疲劳，不会像此刻一样地喘不过气来，不会再捱寒冷，这阴毒、固执，而且只在她躲到地底铁道站时才会放过她的寒冷。

到了西火车站的那一站，她才走了进去。那些天失业的人们，贫穷的人们，那些害怕寒冷而没有钱去克服它的人们，像她一样地群集到地底铁道站来。在那里，他们是一些黑色、沉重的悲哀的鸟儿，而他们的每日的迁徙使他们每人花十四个铜子儿。

老妇人在那吹送着一片酸味的风的甬道上得得地走着，接着便走到月台上。一阵温暖的空气扑上她的脸儿来，光线使她眯着眼睛。"这里好，就像在咖啡店里一样。"老妇人喃喃地说。她又有生意了，有人在叫她。在地底，人们感到厌烦，于是，在等待地道的电车的时候，有些人就买一份报纸，可以知道一点世界各地的新闻。

老妇人不知道她自己的报纸上说点什么。在打仗的时候，为了她的儿子，她是读报的。她知道人们有时抢着买报；于是她起了好奇心，想知道为了什么，于是她知道一个内阁倒了，或是一个名人被暗杀了，或是什么地方在打仗。是的，死人，犯罪，丑闻，还有战争，这就是她的报纸所讲的事。两年或甚至三年以来，她已不再需要读它们了。它们是登满了相片，而当她拭干净了她的大眼镜的时候，世界上所发生的事便跳到她眼前来了；她看见兵士列队走过，还有兵士，包围在火焰中的船只，就好像置身于电影院里一样——她是从来不进电影院的。今晚是世界上没有什么严重的事情的一晚，大概是这样吧，否则便是人们已厌倦了，因为老妇人不能将她的报纸脱手，臂下怕还要剩下一包！然而，她很希望快快回家去直躺在床上。在她的小生意不错的那些日子，她是不必像地底铁道的那些职员一样要等"扫地打烊"的。啊！今天晚上，又是要弄到一点钟了。

"最后新闻……"

一辆从地道穿出来的电车的隆隆声掩住了她的声音。乘客赶上去又推撞她。她又来往走着，在月台上踱着，走在人家前面，走在人家后面，老是肚子贴着那个背囊，手里拿着几份报，向走过来的人转过眼去，向他投出一道悲哀的目光。这有点像带着自己的贫困的过去在兜卖身体——而在这样的时候，在那些大街上，一些妇女也正在无欢地踱来踱去兜客人。这一切，无非是为了要生活，要艰苦地过日子，要从有的压榨你，有的欺骗你的人们那里抢活命。而这个向她的报纸望了一眼的人，他难道不可以买一份吗？这不过是五个铜子儿，小伙子！

老妇人喃喃地不满着。她在长凳上坐了下来，背贴着一个活动的东西——在那一面，有一个人睡在那里，裹着一件绿惨惨的长大氅。她是那样地疲倦。那个好几天以来在"她的月台"上转来转去，想在

193

那里卖报纸的神气像吉卜赛人的小女孩子，她会看见她出现，而自己却一动也不动，就是一个巡警突然跑来，她也还是会一动也不动的。她的眼皮合了下去。接着她突然醒过来，她听到了一种很响的声音。就在旁边，在长凳上，一个人在那里吹喇叭，而在他前面，是围了一圈人。他吹了一个军号，接着又吹《海上的儿郎》的复唱调。这是一个狂人，或是一个不幸的人，老妇人想着。她使了一个劲儿，站了起来。

"《自由报》……《巴黎……》"

嘴唇里已吐不出声音来了。乘客们听着这快乐的音乐，却并不听老妇人的那种嗄音，今天晚上完蛋了！因为刚有一辆电车开到，她就上车去，坐下来。她被带了去，被摇摆着。她的目光一直盯住她的鼓起的背囊。但是一切都没有关系，她只有一个愿望：睡觉。她在一片烟雾中看见那些乘客，她正在梦想，忽然有人拍了她一下肩膀。一个买主，这坏日子的最后一个买主！啊！要是这能够算是真正最后的一个就好了……

她又到了露天之中，到了一个在阴暗中是青色，在街灯周围是棕黄色的冷清清的广场上。她沿着小路走过去，踏着更稳定的步子，好像在这黑暗之中有一片光亮为她而现出来似的。她可不是又要找到她的"家"吗？一个真正的存在吗？她进了一个大门，走到一个暗黑，发臭，冰冷的楼梯口去；楼梯级已破旧了，但还是太高。老妇人住在四层楼。在达到她的那一层楼，她就非得停下来喘气不可。摸索着，她开了门，摸索着，她在桌子上找一盒火柴，划了一根，拿起她的煤油灯。

现在，她的房间从黑夜之中浮现出来了，狭窄，拥挤，其中寒冷像在街上一样地徘徊着。她只在结冰的日子才点她的煤油火炉。活动会暖和的，我们活动一下吧！于是老妇人除下她的帽子，脱了她的大氅，叹息着把她的背囊丢在桌上，于是自由地挺直了身子。她的晚餐呢，她是在出去以前就预备好了的，她只要在火酒炉上热一热就是了。这是很快就弄得好的！只是今天呢，她却慢吞吞地，她所渴望着的，是睡眠，安息，遗忘。从前……

她摊开她的报纸来。

"啊，天呀，这样多的回票。"

桌子上是摊满了。它们是在那里，带着它们的可怕的图片，它们的实在是威胁的标题，它们的引诱和它们的呼喊，于是她突然憎恶它们，憎恶起这些甚至不能再容她生活，这些通报她一个对于老年人无情的时候将要到来的报纸。把这一切都烧了吧，烧了吧！在她的被油墨所沾黑的，皱裂，干燥的手中，在她的从前洗衣衫的手中，她捏皱那些报纸。

当你在一生之中领略过那最没有出息的工作，领略过一种除了那独自尽此一生的房间的凄暗而赤裸的前途以外什么别的也没有给你过的工作的时候，你就会起反抗，你就会在黑夜之中寻求你的不幸的负责者们，而那老妇人，她相信认出了这些人，而在其中的几个人身上报仇——他们的照片是在她的报纸上高傲地登载着。脏纸头，她用来捏成一个巨大的球，做了一个野蛮的动作，丢到空虚中去。

"什么，我怎样了？"她格格地说，"是发热吗？"

突然，她是沮丧，沉默，安命了。她计算了一下她的报钱，接着她便慢吞吞地走到她的床边去。她想，在那些穷人，卖报还是一个可以做做的行业。但是，现在穷人太多了，报贩太多了，其中的那些年轻的，不久就会看见赤贫来到他们路上了。有些日子，她碰到他们的时候就生气，她咒骂他们。从今以后呢，他们会占据了她的那个角隅，把她从工作和生活中解放出来吧。

被单发着光，洁白而柔软，十分光滑。于是，老妇人向她四周望着：收拾干净了的桌子，各种东西——旧了，但却有用的东西——都摆得好好的房间。她的家绝不是乱七八糟的。一切都井井有序。洗脸，洗手，洗去巴黎的肮脏和气味吗？啊！明天吧，睡了吧。但是老妇人却喊了一声。你瞧，她糊涂了，她忘记放一份报在皮戈老妈妈门口的地毯下面了，那份报是在她的邻舍醒来的时候就可以拿到的。

"我头脑到哪里去了？"她又这样说，一边用手摸她的发烧的前额。

在她的头脑里，有着铅块，有时是空虚，好像产生了什么新鲜，陌生，可怕的事似的。老妇人打了一个寒噤。两天以来，她总是头脑不清，她曳着她的腿，好像曳着一件沉重的东西。

"难道我要生病了吗？"她用一种没有高低的声音说，"啊！我要去把我的钥匙放在报纸里，塞到那门前的地毯下面去。"

不论什么事发生，在早上，皮戈老妈妈总会找到那个钥匙而进来看她的朋友。她熄了灯。接着用了散漫的动作，脱下衣服，并不完全脱了，免得长夜的寒冷把她冻僵。再使点劲儿爬上床去，伸直身体，缩在被窝里，接着，她就不再动了。最后一次，老妇人思忖着；在黑暗之中，她看见一些模糊的影像划过，她所贴住摆报摊的那幅巴黎地图，那个地底铁道站的月台——在那里，她踱着，走着，像一个流浪的犹太人。当她还是孩子的时候，人们便是用着这种故事骗她睡觉的，因为她也有过一个童年啊！叫卖着晚报的流浪的犹太人。慢慢地，她的思想，她的想念，她的记忆，在她看起来都好像是属于一个辽远的，残酷到不能成为理想的生活的了；而和她进入这奇异的睡眠同时，她踏进了一个解脱了寒冷，工作，饥饿，也解脱了世人的世界，一个真正的生活所从而开始的世界。

42．心中有爱

● 卡 特

1921，路易斯·劳斯（LewisLawes）出任星星监狱的典狱长，那是当时最难管理的监狱。可是二十年后劳斯退休时，该监狱却成为一所提倡人道主义的机构。研究报告将功劳归于劳斯，当他被问及该监狱改观的原因时，他说："这都由于我已去世的妻子——凯瑟琳，她就埋葬在监狱外面。"

凯瑟琳是三个孩子的母亲。劳斯成为典狱长时，当年，每个人都警告他千万不可踏进监狱，但这些话拦不住凯瑟琳！第一次举办监狱篮球赛时，她带着三个可爱的孩子走进体育馆，与服刑人员坐在一起。

她的态度是："我要与丈夫一道关照这些人，我相信他们也会关照我，我不必担心什么！"

一名被定有谋杀罪的犯人瞎了双眼，凯瑟琳知道后前去看望。

她握住他的手问："你学过点字阅读法吗?"

"什么是'点字阅读法'?"他问。

于是她教他阅读。多年以后，这人每逢想起她的爱心还会流泪。

凯瑟琳在狱中遇到一个聋哑人，结果她自己到学校去学习手语。许多人说她是耶稣的化身。*1921* 年至 *1937* 年之间，她经常造访星星监狱。

后来，她在一桩交通意外事故中逝世。第二天，劳斯没有上班，代理典狱长代他的工作。消息似乎立刻传遍了监狱，大家都知道出事了。

接下来的一天，她的遗体被放在棺里运回家，她家距离监狱四分之三里路，代理典狱长早晨散步惊愕发现，一大群最凶悍、看来最冷酷的囚犯，竟如同牲口般齐集在监狱大门口。他走近去看，见有些人脸上竟带着悲哀和难过的眼泪。他知道这些人极爱凯瑟琳，于是转身对他们说："好了，各位，你们可以去，只要今晚记得回来报到！"然后他打开监狱大门，让一大队囚犯走出去，在没有守卫的情形之下，走四分之三里路去看凯瑟琳最后一面。结果，当晚每一位狱囚都回来报到。

无一例外。